孩子读得懂的史记

[西汉] 司马迁 原著
刘秋萍 编著
上海宥绘 绘

4 秦汉大一统

北京理工大学出版社
BEIJING INSTITUTE OF TECHNOLOGY PRESS

版权专有　侵权必究

图书在版编目（CIP）数据

孩子读得懂的史记．秦汉大一统／（西汉）司马迁原著；刘秋萍编著；上海宥绘绘．－－北京：北京理工大学出版社，2023.12（2025.4重印）

ISBN 978-7-5763-3032-8

Ⅰ.①孩… Ⅱ.①司… ②刘… ③上… Ⅲ.①中国历史－秦汉时代－青少年读物 Ⅳ.① K220.9

中国国家版本馆 CIP 数据核字（2023）第 205845 号

责任编辑：李慧智　　文案编辑：李慧智
责任校对：王雅静　　责任印制：施胜娟

出版发行 ／ 北京理工大学出版社有限责任公司
社　　址 ／ 北京市丰台区四合庄路 6 号
邮　　编 ／ 100070
电　　话 ／（010）68944451（大众售后服务热线）
　　　　　 （010）68912824（大众售后服务热线）
网　　址 ／ http://www.bitpress.com.cn

版 印 次 ／ 2025 年 4 月第 1 版第 2 次印刷
印　　刷 ／ 武汉林瑞升包装科技有限公司
开　　本 ／ 889 mm×1194 mm　1/16
印　　张 ／ 19
字　　数 ／ 220 千字
定　　价 ／ 219.80 元（全 4 册）

图书出现印装质量问题，请拨打售后服务热线，负责调换

前言

西汉史学家司马迁撰写的《史记》，是中国历史上第一部纪传体通史，记录了从黄帝时期至汉武帝时期三千多年的历史。全书共一百三十篇，包括十二篇本纪、三十篇世家、七十篇列传、十篇表和八篇书。因为规模巨大、体系完备，对后世纪传体史书产生了深远的影响，所以被列为"二十四史"之首。

《史记》有多篇入选人教版语文课本，从小学覆盖至高中，更是历史课本中上古至西汉时期内容的重要史料来源。青少年阅读《史记》故事，不仅能打通小学、中学历史文化知识的壁垒，还能与古代贤者共鸣，汲取古人智慧，感受圣贤风骨。

我们这套《孩子读得懂的史记》，采用"《史记》故事＋精美插图＋原典解读"的形式，赋予经典史籍新的时代内涵。书中重新梳理了时间线索，将对应时间线下"世家"和"列传"的相关篇章挪到"本纪"之后讲述，使同一时期的人物、事件更加直观。全套精选一百二十篇《史记》故事，配以二百四十余幅精美插图，着重刻画历史大事件，为孩子还原历史现场，用轻松诙谐、风趣幽默的语言重述《史记》故事，帮助孩子读得懂、喜欢读这部中国传统史学名著。

目录

壹
第一位皇帝的诞生——统一六国，首称皇帝

01 秦始皇：德高三皇，功盖五帝，我是最棒的始皇帝　　02

02 吕不韦专权：从商人到权臣的完美逆袭　　11

03 李斯定制度：整个大秦的秩序必须整齐划一　　19

04 名将王翦："见好就收"何尝不是一种人生智慧　　30

05 蒙恬驱匈奴：我就是大秦的长城　　38

06 沙丘政变：宦者私欲葬送了大秦帝国　　45

贰
不以成败论英雄 —— 秦末起义，楚汉争霸

07 大泽乡起义：王侯将相宁有种乎　　　　　　60

08 项梁会稽起兵：先发制人，后发受制于人　　68

09 鸿门宴：早已注定了西楚霸王的结局　　　　76

10 自刎乌江：是英雄的傲气，还是末路的选择　94

叁
布衣提剑取天下 —— 刘邦创汉，郡国并行

11 刘邦称帝：半推半就登宝座　　　　　　　　112

12 留侯张良："操盘大师"张良的传奇一生　　118

13 淮阴侯韩信：不懂得低调的军事天才　　　　129

14 丞相萧何：一生忠贞，却需要靠自污名节来自保　139

15 诛彭越，灭英布：异姓诸侯王的结局大盘点　149

16 刘邦病逝：御驾亲征惹的祸　　　　　　　　157

17 吕后专权：第一位临朝称制的女性　　　　　164

18 诸吕之乱：说倒就倒的吕氏家族　　　　　　173

肆
看似"无为"，实则"大有所为"——文景之治，奠定盛世

19 汉文帝施仁：用一辈子来践行"以民为本"　　184

20 驻军细柳：治军严明的周亚夫　　　　　　　　193

21 七国之乱：汉景帝的一场豪赌　　　　　　　　200

伍
是非功过自有后人评说——汉击匈奴，走向强盛

22 奏事东宫：两位太后的外戚干政之路　　　　　210

23 武帝盛世：勇武大略威震天下　　　　　　219

24 独尊儒术：一次重大的文化转型　　　　　226

25 张骞出使西域：丝绸之路的开拓者　　　　233

26 主父偃上推恩令：千古第一阳谋　　　　　242

27 迁居茂陵：非死不可的游侠郭解　　　　　250

28 卫青、霍去病：大汉帝国双璧　　　　　　259

29 飞将军李广：生不逢时的将军　　　　　　269

30 司马迁写史：通古今之变，成一家之言　　278

壹

第一位皇帝的诞生

—— 统一六国，首称皇帝

01
秦始皇：德高三皇，功盖五帝，我是最棒的始皇帝

人　　物：嬴政
别　　称：秦王政、秦始皇、嬴正、赵政
生 卒 年：公元前259年—公元前210年
出 生 地：赵国邯郸（今河北省邯郸市）
历史地位：中国第一个称皇帝的君主，千古一帝

人物小传

　　公元前221年，秦王嬴政出兵攻下了东方六国中最后一个国家齐国，并擒获了齐王建。至此，秦王嬴政正式完成了统一六国的大业，建立起中国第一个大一统的封建王朝——秦朝。

　　因为他奠定了中国两千余年政治制度的基本格局，所以被明代思想家李贽誉为"千古一帝"。

　　这位千古一帝的传奇人生中，当然不止统一六国这一件大事，他还首称皇帝、实行三公九卿制、泰山封禅、焚书坑儒、筑建长城、修建灵渠，等等。

　　接下来，我们就来聊一聊这个不简单的千古一帝人生中的一些伟大功绩吧。

一、首称皇帝，开创帝制

秦王嬴政统一六国之后，就召来了丞相王绾、御史大夫冯劫等一众大臣商议一件大事。

他先是回顾了一下自己平定六国的不容易，而后接着说：

"我能够成功讨伐这些暴乱的诸侯国，是依仗着祖宗的威灵啊！如今六国的君主都已经认罪伏法，天下大体平定了。若我还不改变自己的名号，就无法彰显我们所取得的功绩，也无法让这千秋万代的功绩被颂扬，乃至流芳万代。"

嬴政一番慷慨激昂的说辞后，发动群臣："你们都来想一想我这个帝王应该用什么名号吧。"

丞相王绾、御史大夫冯劫、廷尉李斯等人一起上书说：

"以前五帝统治的地方不过绵延数千里，千里之外是侯服、夷服的地方，天子不能控制外围的诸侯是否前来朝贡。现在陛下您兴义兵、讨残暴、平定天下乱象，四海之内都成为秦国的郡县，都听从陛下一人的法令行事，这是前无古人的创世之举！论功德，连五帝都比不过您啊！

"古时候有天皇、地皇、泰皇，三皇之中以泰皇最尊贵。所以我们冒死献上尊号，希望陛下称'泰皇'，您的教命称'制'，号令称'诏'，您的自称改为'朕'。"

然而嬴政对这个提议并不是很满意，他说："去掉'泰'字，保留'皇'字，再加上古代所称的'帝'字，合称为'皇帝'吧！其他的就按照你们商议的办。"

而后他又说："我听说远古之时的帝王，只有生时的帝号，没有死后的谥号；中古之时的帝王生有帝号，死后又根据他生前的表现来加一个谥号。这样做就等于是让儿子评议父亲，臣子评议君主，这是很没有道理的，我不采取这种做法，从此以后就取消谥号，我就叫'始皇帝'，后世以数字相称，从二世、三世直到万世，永远传承下去。"

于是，嬴政就成为中国历史上第一个使用"皇帝"称号的君主，他自称"始皇帝"，后世称他为"秦始皇"。

嬴政自称皇帝之后，还将父亲秦庄襄王追尊为太上皇。

二、三公九卿制和郡县制

全新的国家还需要全新的治理方式。

在皇帝之下，秦朝设立中央政权机构，也称三公九卿制度，由丞相、太尉、御史大夫统领，分别掌管行政、军事和监察事务，最后的决断权由皇帝掌控。

三公，即丞相、太尉、御史大夫。

丞相的职责是辅佐皇帝处理全国范围的事务，为皇帝之下、百官之上的最高长官；

太尉的职责是辅佐皇帝管理全国军队，为最高军事长官；

御史大夫的职责是辅佐丞相，负责监察包括丞相在内的百官，职务相当于副丞相。

九卿，即奉常、宗正、郎中令、卫尉、太仆、廷尉、典客、少府、治粟内史，是分掌具体政务的诸卿，由三公统领。

在地方上，嬴政废除了分封制，改行郡县制。

他将全国划分为三十六个郡，每个郡设有郡守、郡尉和郡监。郡守掌治其郡；郡尉辅佐郡守，并掌管用兵之事；郡监掌管监察事宜。

郡以下再设县，万户以上的县设县令，万户以下的县设县长。

普通民众改称"黔首"。

从中央到地方的重要官吏均由皇帝任免,这样,皇帝和朝廷就牢牢地控制了全国各地的权力。

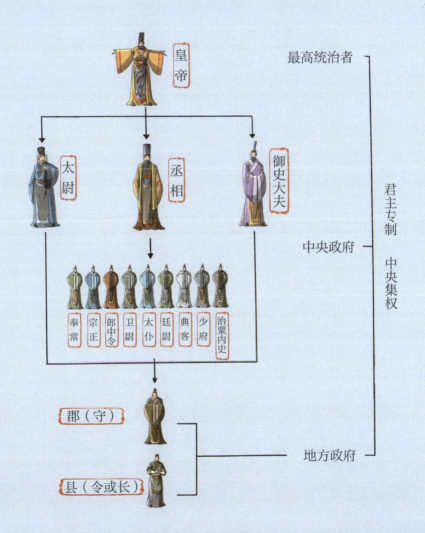

三、泰山封禅

公元前219年，也就是秦始皇二十八年，统一六国后的第三年。

皇帝嬴政向东巡视诸郡县，登上了邹峄山，在山上竖起一块石碑，上面刻着颂扬秦朝功德的文字。

这一次的立碑给了他灵感，他准备到更高的泰山上去封禅立碑，将自己的功绩上告于天。

为此，他召来了鲁地的儒生们商量要在石碑上刻写的内容，并商议封禅的典礼，要足够隆重，以表明自己当皇帝是天命所归。

到了封禅这一天，嬴政在朝臣的陪同下登上泰山，在祭坛上举行祭祀天神的大典，并将祭词刻在了石碑上。

碑文写道：

> 皇帝临位，作制明法，臣下修饬。二十有六年，初并天下，罔不宾服。
> 亲巡远方黎民，登兹泰山，周览东极。从臣思迹，本原事业，祗诵功德。
> 治道运行，诸产得宜，皆有法式……

大概意思是说，"皇帝登基后，创立制度，申明法令，臣下严谨奉行。在位的第二十六年，统一了天下，天下人没有不向皇帝臣服的。现在皇帝亲自巡视远处的地方，登上泰山，一览东边的大好河山。与随行的大臣们一起追忆往昔，探求能建立这番功业的根源，恭敬地继续遵循并歌颂功德。皇帝的治国之道得以通行，各种生产都十分妥当，一切都按照法规行事……"

碑文上总共一百四十七个字，是嬴政在诉说自己治国行为的合理性，表明其都是顺应天命而为。泰山封禅的目的在于告诉天下百姓，自己已经在祭天之礼上获得了上天的授权。

四、焚书坑儒

公元前213年，也就是秦始皇三十四年，嬴政在咸阳宫摆酒设宴，有七十个博士（官职名，秦朝掌管史书典籍的人）前来向他祝贺。其中一位来自齐地名叫淳于越的博士，大胆地向嬴政提出反对意见，希望能够根据古制重新分封功臣和贵族子弟，而非像现在这样实行"郡县制"。

丞相李斯对他的说法表示强烈反对，并提到："五帝之间的法纪并不是重复的，三代的法纪也不是简单地沿用，每位君主都是按照自己的方法治理国家。陛下所开创的伟大事业，又岂是你这个愚蠢的儒生能够理解的？"随后，李斯借此机会提议，将秦国史书以外的史书都烧毁。

他接着说："除了掌管史书典籍的博士外，其他人拥有《诗》《书》以及诸子百家的著作的，都要上交烧毁；有胆敢私藏或谈论《诗》《书》者，将被斩首。用古代的人或事来苛责、非难当今的法令，这是不合理的，应当被禁止，违反的人就要被灭族！当然，像农、耕、医、药等实用的书籍可以留下来，不用烧毁。如果有人想学法令，可以拜官吏为师。"

嬴政采纳了李斯的建议，下令"焚书"。

"焚书"的第二年,替秦始皇求仙的方士卢生、侯生在求仙失败后,携带求仙用的巨资逃跑。为了躲避责罚,他们还散布谣言,称是因为秦始皇为人和执政的过错,才导致他们求不到仙药。许多人都信以为真,谣言越传越离谱,咸阳城中民心大乱。秦始皇知道后大怒,派人去追查妖言惑众的人,这些人互相指责和检举,牵连出一大波人,其中还有不少人是秦始皇特意从全国各地征召过来帮自己安定国家、寻求太平的儒生。

秦始皇更加生气了,最后,他亲自圈定了触犯禁令的四百六十多人,全部坑杀于咸阳,同时昭告天下,以此来威慑众人。这就是"坑儒"事件。

在这一年,嬴政变本加厉地惩治有罪之人,将他们全家都发配到边地去戍边。嬴政的长子扶苏觉得此举有些不近人情,便劝谏说:"如今天下刚刚平定,边境民心未定,儒生们又都是歌颂和效仿孔子的人,您用严酷的刑罚来惩治他们,我担心天下的民心会不安,希望您能够明察。"

扶苏的一番话,本意是想为父亲分忧,然而却激怒了嬴政。嬴政下令将扶苏派往北方,去上郡给蒙恬做监军。

嬴政将扶苏派去边关的举动,究竟是单纯因为生气,还是有意将扶苏当成皇位继承人来培养,借此机会让扶苏了解边关的情况?这我们就不得而知了。

公元前210年,嬴政在东巡途中病逝,次子胡亥即位,史称秦二世。

作为千古一帝的秦始皇,一生中做过的事情远远不止以上提及的这些,他的是非功过任由后人评说。

《史记》原典精选

于是使御史悉案问诸生，诸生传①相告引②，乃自除③犯禁者四百六十余人，皆坑之咸阳，使天下知之，以惩后。益发谪徙边。始皇长子扶苏谏曰："天下初定，远方黔首未集，诸生皆诵法孔子，今上皆重法绳④之，臣恐天下不安。唯上察之。"始皇怒，使扶苏北监蒙恬于上郡。

——节选自《秦始皇本纪第六》

【注释】

❶ 传：辗转。　❷ 引：牵连，即供出别人。
❸ 自除：指秦始皇亲自削除诸生名籍。　❹ 绳：约束，制裁。

【译文】

于是派御史去审查众文学方术之士，这些人辗转告发，一个供出一个，始皇亲自把他们从名籍上除名，一共四百六十多人，全部坑杀在咸阳，让天下的人知道，以惩戒以后的人。征发更多的流放人员去戍守边疆。始皇的大儿子扶苏进谏说："天下刚刚平定，远方百姓还没有归附，儒生们都诵读诗书，效法孔子，现在皇上一律用重法制裁他们，我担心天下将会不安定，希望皇上明察。"始皇听了很生气，就派扶苏到北方上郡去监督蒙恬的军队。

帝王为什么喜欢泰山封禅

古代的皇帝，每逢太平盛世或祥瑞降世之时，总是会大手笔地举行一场声势浩大的"封禅"活动。"封"就是祭天，"禅"就是祭地。封禅，简单来说，就是一场祭祀天地的仪式。

秦始皇是第一个记录在册实行泰山封禅的帝王，之后历代泰山封禅的帝王还有汉武帝、汉光武帝、唐高宗、唐玄宗和宋真宗等。这些皇帝在泰山封禅，不仅是为了庆祝太平盛世和祥瑞降世，更是为了彰显自己的神圣地位和丰功伟绩。

02 吕不韦专权：从商人到权臣的完美逆袭

人　　物：吕不韦
别　　称：吕子
生 卒 年：？—公元前235年
出 生 地：卫国濮阳（今河南省安阳市滑县）
历史地位：战国末年卫国商人、政治家，后担任秦国丞相，主持编纂《吕氏春秋》

嬴政能够统一六国，成为千古一帝，所经历的当然不是一串诸如"公元前××年，吞并东方×国"这种干巴巴的年份纪事能够说清楚的。

那么嬴政究竟是如何从一个出生于赵国邯郸的质子之子，逆袭成统一六国的千古一帝的呢？

这就得好好说一说他身边的名臣名将了，首先要说的，就是被嬴政尊为"仲父"的吕不韦。

眼光独到

吕不韦原本是一名来自阳翟（今河南省禹州市）的大商人。他在各地往来奔走，靠着买卖货物赚取中间的差价积累了大量财富。

有一次，吕不韦在邯郸做生意时，遇到了在赵国做质子的秦国公子异人。

异人素来不受父亲的宠爱，被送往邯郸后备受冷落，日子过得十分凄惨。他日用的财物时常短缺，出行乘坐的马车破破烂烂，生活十分拮据。

吕不韦见到异人的第一眼就十分欣喜，像发现了什么稀罕玩意儿一样。他对身边的人说："这个人就像是一件珍奇的货物，可以囤积起来，以后定能谋求高价的回报。"

这也是成语典故"奇货可居"的出处。

于是，吕不韦亲自登门求见异人，对他说："公子，吕某有能力光大您的门庭。"

起初异人不以为然，吕不韦虽家财万贯，但他的身份终究只是一个商人，论门庭还不如落魄的自己，他对吕不韦说："你还是先把自己的门庭光大了，再来想着光大我的门庭吧！"

吕不韦却对他说："您有所不知，光大我的门庭还需要等到您的门庭光大了以后才能实现。"

这一番话将异人绕得晕头转向，百思不得其解，只好邀请吕不韦进屋详谈。

吕不韦这才解释道："秦昭襄王如今年事已高，您的父亲也已经被册封为太子，继位是迟早的事情。您的兄弟有二十多人，您排在中间，又长期待在赵国做质子，和那些常年待在您父亲膝下侍奉的兄弟们相比，您很没有优势。"

异人一脸黯然地说道："你说的我都清楚，所以我应该怎么办呢？"

吕不韦说："我听说您的父亲十分宠爱华阳夫人，但那华阳夫人膝下无子。为了确保以后的尊位，她只能从你们兄弟中挑选一个认作儿子，来参与王位继承人的争夺。要是您能让华阳夫人认下您做儿子就好了。"

异人说："我长期客居在这里，又手头拮据，实在拿不出钱财来献给亲长、结交宾客，又如何能让华阳夫人认下我呢？"

吕不韦接过他的话头表示说："我吕不韦愿意拿出全部的身家，来为您去秦国游说，侍奉您的父亲与华阳夫人，让您父亲将来册立您为太子。"

异人连忙对吕不韦磕头拜谢，说道："如果你真的能办到，我愿意与先生共享秦国的土地！"

于是，吕不韦拿出近一半的身家交给异人，让他在赵国结交宾客；自己则带着剩余的钱来到秦国，购买了大量贵重奢华的物品，献给华阳夫人。

凭借这些物品，吕不韦见到了华阳夫人。

他先是用尽溢美之词赞美异人的贤能和聪慧，说他在赵国志气不灭，所结交的宾客遍及天下。

接着，吕不韦又对华阳夫人说："我听说，用美貌的外表来侍奉别人，那么等到美貌不再，宠爱也就不再了。如今夫人您侍奉太子，却没有生养儿子，不如趁早从太子的儿子中选择一位贤能、聪慧又孝顺的结交，再设法让太子将他立为继承人，这才是您以后的依靠啊。"

华阳夫人听后觉得十分有道理，不久后便在太子面前提起异人的贤能与聪慧，并请求太子能将异人立为继承人。

太子答应了华阳夫人的请求，将异人立为继承人，还给他送去了丰厚的礼物，请吕不韦当他的老师来教导他。

公元前259年，秦昭襄王派军队包围了赵国的都城邯郸，此时异人还滞留在邯郸为质，没能回国。

战况胶着之时，赵王便想杀了质子异人泄愤，异人情急之下找到吕不韦想办法。吕不韦觉得这是异人返回秦国的大好时机，于是他毫不犹豫地拿出六百斤黄金贿赂了那些看守他们的官吏。他们成功地逃出赵国，回到了秦国。

回到秦国后，异人正式成为华阳夫人的义子，改名为子楚。

之后，子楚开始走上了成为秦国国君的逆袭之路。在他的爷爷和父亲相继去世后，他继承了王位，成为秦庄襄王。

吕不韦专权

秦庄襄王即位之后，十分信任曾经不遗余力帮助自己的吕不韦，吕不韦也因此开始进入秦国权力中心，封侯拜相，门客盈庭，可谓风光一时。

等到秦庄襄王死后，太子嬴政被立为秦王，吕不韦手中的权力再次得以加强。

嬴政即位时年纪尚小，吕不韦被嬴政尊称为"仲父"，让他作为辅政的大臣。吕不韦担任了丞相一职，又仗着嬴政还年幼，和太后赵姬一起把持了秦国的国政大权。

吕不韦还效仿战国四公子那样，广纳门客。他认为自己作为秦国的丞相，不应该被战国四公子比下去，所以他给了拜入他门下的门客十分优厚的待遇，吕不韦的门客数量最高时达三千人。

也是在这个时候，诸侯国中很多能言善辩的人都赶来秦国，拜入吕不韦门下，如荀卿等人，他们的学问来自百家，所著的作品四海皆知。吕不韦见状，就请他们把自己知道的事情都写出来，编辑成书。

后来，在吕不韦的主持下，这些人合力编纂了一部包含八览、六论、十二纪，共二十多万字的巨著。吕不韦认为天地之间、古往今来的万事万物都包含在这部书里，所以给它取名《吕氏春秋》。

《吕氏春秋》和吕不韦的大名就此远播各诸侯国。

谋逆流放

嬴政的年纪还小时，吕不韦便与太后赵姬有了私情。后来吕不韦怕事情被嬴政发现自己遭殃，便找来了一个名叫嫪毐（lào ǎi）的门客，冒充太监侍奉在赵姬身边。

这个嫪毐仗着有太后撑腰，行事越来越张狂，连国家大事都敢乱掺和。在嫪毐的家中，侍奉的仆人多达几千人，门客也有一千多人，还时常以秦王的"假父"自居。

随着嬴政的年龄越来越大，嫪毐也害怕自己的事情被他发现。有一次，他听说有人向秦王告发自己伪装宦官的事，害怕自己会小命不保，就打算趁着嬴政到雍地祭祀天地的时候谋反。他暗中偷走了太后赵姬的玺印，调动军队，攻打嬴政所在的雍地蕲（qí）年宫，结果反被秦王抓获处死。

嫪毐的事情还牵连到丞相吕不韦，他也因此被罢免了官职，被责令到自己的封地上去居住。

　　然而，吕不韦到封地后，去拜访的宾客仍络绎不绝，连东方六国的都有。嬴政怕他再闹出什么乱子，就将他发配到蜀地。

　　本来嬴政想趁机将吕不韦也处死，但有许多宾客辩士都为他说情，嬴政也念在他曾经为自己的父亲秦庄襄王立下了很大功劳，又曾在自己年幼时竭力稳定朝局的分上，就此作罢。

　　但吕不韦知道自己和嬴政的关系已经无法缓和，害怕牵连家人，就自己喝下毒酒死了。

　　秦王嬴政见干预政事的吕不韦和嫪毐都已经死了，终于松了一口气。

《史记》原典精选

吕不韦为相,封十万户,号曰文信侯。招致宾客游士,欲以并天下。李斯为舍人。蒙骜、王齮、麃公等为将军。王年少,初即位,委①国事大臣。

——节选自《秦始皇本纪第六》

【注释】

❶委:托付,委托。

【译文】

吕不韦为相国,封十万户,封号是文信侯。招揽宾客游士,想借此吞并天下。李斯为舍人。蒙骜、王齮、麃公等为将军。秦王年纪小,刚刚登上王位,把国事委托给大臣们。

一字千金的《吕氏春秋》

吕不韦主持编纂的《吕氏春秋》,"基本上以儒家为宗,取各家之长而弃其短,所以能成一家之言",是秦汉杂家的代表作之一,也是中国历史上第一部有组织、按计划编写的文集,体量宏大,影响深远。

《吕氏春秋》完成后,吕不韦就请人将全文誊抄,悬挂在咸阳市场的大门口,向天下人宣称:此书字字珠玑,如果谁能改动一个字,就赏金千两。

后人根据这个典故概括出了成语"一字千金",用来称赞文辞精妙,价值极高。

03 李斯定制度：整个大秦的秩序必须整齐划一

人物小传

人　　物：李斯
生 卒 年：？—公元前208年
出 生 地：楚国上蔡（今河南省驻马店市上蔡县）
历史地位：秦朝著名政治家、文学家和书法家，曾任秦朝丞相

嬴政能够统一六国，李斯功不可没。

在吕不韦被发配蜀地时，李斯还只是吕不韦的门客，名不见经传，差一点就被驱逐出秦国了。幸运的是，他凭借着出色的口才成功说服了秦王嬴政，最终得以留在秦国，开始他的辉煌事业。

师从荀子

李斯是楚国上蔡人。他年少时，曾在上蔡郡当过一段时间的小吏。

有一次，他去厕所，发现一只从厕所里逃出来的老鼠，吃的是不干净的东西，住在厕所里，遇到有人或狗接近时，老鼠就会吓得仓皇逃跑。

可他后来到了粮仓，发现粮仓里的老鼠却是另一番情境：它们以粟米为食物，平日里住在粮仓这样的大屋子里，没有人或狗去惊扰。

李斯有感而发，说："一个人有没有出息这件事，就如同这些老鼠一样，是由自己身处的环境决定的啊！"

于是，李斯辞去了小吏的官职，拜入荀子门下，开始潜心学习五帝三王治理天下的学问。学成之后，他分析了一下各国局势，料定楚王是个不值得自己辅佐的君王，便毅然决定到西边的秦国去。

临行前，他向荀子辞行，荀子问他："你为何选择去秦国呢？"

他对荀子说："我听说，一个人如果得到了机会，就一定不要放过。眼下正是各个诸侯国争雄的时候，善于游说之士只要能抓住时机就能大展身手。特别是秦王，他想要吞并天下，治理诸侯，我认为这是一个难得的机会，可以让我一展所长。

"如果我们总是处于地位卑微、生活贫苦的境地，不想着抓住机遇，还要装出一副愤世嫉俗、厌恶名利、与世无争的样子，我认为这是很不可取的行为。所以，我要去辅佐想统一天下的秦王，成就一番事业！"

初入秦国

李斯到达秦国时，恰逢秦庄襄王去世，嬴政刚刚即位。

他首先去拜见了丞相吕不韦，吕不韦十分器重他，便将他纳入自己门下，还举荐他在秦王跟前做了郎官，李斯也因此得到了面见秦王的机会。

有一天，他劝说秦王道："机会不是靠等来的。能够成就伟大功业的人，都是能够抓住机会并且狠下决心的人。过去秦穆公时期，秦国虽然实力强盛，但他最终没能完成统一天下的大业，这是为什么呢？因为那时的时机还不成熟，周王朝的威望还未衰落。可自秦孝公之后，周天子的权势已经衰弱，各诸侯国连年战火不断，最后函谷关以东只剩下六个国家，秦国也得以强大，到现在算起来总共经历了六代。以现在秦国的强大和大王您的圣明，消灭六国就像拂去炉灶上的尘埃一样轻而易举。大王您成就帝业，统一六国，眼下正是最佳的时机啊！"

秦王对李斯提出的离间六国君臣之计非常感兴趣，李斯因此深得秦王的赏识，被晋升为长史。秦王于是暗中派谋士带着金银财宝去各国，实施收买和暗杀的活动，不惜一切手段离间东方六国君臣之间的关系。

这招果然见奇效，六国的君臣之间互相猜忌，自顾不暇，秦王随后派出精兵良将征讨，节节胜利。李斯因此被任命为客卿（客卿是对在本国帝王身边充当高级幕僚的他国人的一种称呼，不是具体官名，但地位不低）。

逐六国客卿

但李斯被封为客卿后没过多久，眼看着将要在秦国施展抱负，却因为一则"逐客令"的波及，差点被驱逐出秦国。

这是怎么一回事呢？

起因是秦王查出了一个来自韩国的间谍——郑国。

当秦王盘算着一统天下的时候，韩国陷入了对秦国大军压境的恐慌之中。为了不让自己被秦国攻灭，韩国人想出了一个"疲秦"的办法——派水利专家郑国到秦国去，说服秦国大兴水利。

这个郑国呢，确实是一名优秀的水利专家，在韩国曾经还参与过治理荥泽水患等大工程。但他这次到秦国，明面上说是帮助秦国发展农业，暗地里打的主意却是消耗秦国的人力、物力和财力，从而牵制秦国东扩的进程。

然而，郑国的阴谋诡计很快便被揭露出来。

此事一出，秦王在国内彻查，很快查出了一大批东方各国派来潜入秦国的间谍。

秦国的王公贵族和大臣们都对秦王说："从各个诸侯国赶来秦国侍奉大王您的人很多，但他们大多数都是给他们原来的国君效力，最终的目的是要离间秦国！我等请求大王将这些外来的客卿全部驱逐出秦国！"

秦王同意了，很快颁布了"逐客令"，即驱逐从各国来的客卿的命令。李斯是楚国人，所以也在被驱逐的名单之上。

《谏逐客书》

李斯的抱负还没有实现，并不想就这么离开秦国，于是他给秦王上书，请求秦王不要贸然驱逐客卿，这封上书史称《谏逐客书》。

李斯在上书中写道：

> 我听说群臣们都在商议驱逐从六国来的一切客卿这件事，我认为这种做法是极其错误的。以前秦穆公找寻贤能的人，从西戎请来了由余，从东面的楚国请来了百里奚，从宋国请来了蹇叔，还从晋国请来了丕豹和公孙支。这五个人都不是秦国人，但他们帮助秦穆公出谋划策，讨伐西戎，最后秦国得以兼并二十国，成为西方的霸主。

秦孝公重用了来自卫国的商鞅，商鞅在秦国实行变法改革，改变了秦国民风民俗，使秦国得以富强，力克魏军和楚军，扩张了上千里的土地，拓展了疆域面积。

秦惠文王重用了来自魏国的张仪，张仪的连横计谋，让秦国向东占领了三川一带，向西吞并了巴、蜀两国，向北攻占了上郡，向南夺取了汉中，又向东南吞并了楚国大片地方，以至威胁着楚国的鄢都和郢都，之后又东出占领了成皋地区，获得了大片肥沃的土地。张仪用连横的计策瓦解了六国的合纵联盟，让他们不得不割地侍奉秦国，这样伟大的功绩一直到今天还常常被人称颂。

秦昭襄王重用了来自魏国的范雎，范雎助他废掉了穰侯，赶走了华阳君，从而杜绝了贵戚的专权，加强了秦王自身的权力。同时，秦国进一步向东推进，吞并诸侯国的土地，为统一六国的大业奠定了基础。

以上提到的这四位君主，都是依靠从各诸侯国前来投奔的客卿，才得以成就伟大的事业。这些客卿有哪些对不起秦国的地方呢？如果这四位君主当初也拒绝任用这些东方各国来的客卿，秦国不一定会有今天的富足，更不会有今天的强大！

您如今有吞并天下的志向，却要将来投奔您的贤士推到敌国，这不就是人们常说的"给敌寇提供武器，帮着他们来打自己"吗？

秦王看完了李斯的《谏逐客书》，觉得他说得十分有道理，就下令废除了驱逐客卿的诏令。

不仅如此，他还恢复了李斯的职位，不久后又将李斯任命为廷尉。

统一车轨、文字、货币和度量衡

之后,秦王嬴政经过多年筹谋,统一了六国,建立起首个大一统的封建王朝——秦朝。他开始称"皇帝",任命李斯为丞相。

李斯在担任丞相期间,参与了秦朝诸多制度的建设,对后世影响深远。

他主持拆除了东方各国旧有的郡县防御城墙,销毁民间兵器,还极力主张实行郡县制,废除分封制。他认为,如果连皇帝的兄弟、儿子都不能被封为诸侯,那国家就永远不会有形成割据的危险,也就不会再出现战争了。

当博士淳于越提出重新启用分封制时,也是李斯站出来主张禁止私学,销毁《诗》《书》和诸子百家的著作,也就是"焚书"。

那时候,虽然统一了六国,但各国之前使用的文字、货币、车轨宽度和度量衡工具都各不相同,没有统一的标准,很不方便。为了适应国家统一的需要,嬴政开始大力推行一系列巩固统一的措施,李斯也积极参与其中。车同轨、书同文、统一货币、统一度量衡以及修订秦国法律等重大政策的决策与制定,其中都有李斯的身影。

"车同轨"就是统一全国车辆和道路的宽窄,并修筑贯通全国的道路网,使秦朝的陆路交通四通八达;

"书同文"就是李斯等人以秦国文字为基础,参照六国文字,创造出笔画规整的小篆作为全国通用的文字;

"统一货币"就是废除六国旧有币种,以秦国的圆形方孔半两钱作为统一的货币,在全国流通;

"统一度量衡"就是以秦制为基础,所有的度量衡用器由国家统一监制,

以改变之前各诸侯国使用的长度、容量和重量等标准不一的状况。

为了维护国家的秩序,李斯还向嬴政建议,废除六国与秦国不同的法律,重新修订法律典章,使法度统一、万民遵循。嬴政采纳了李斯的建议,让他主持修订新的《秦律》。

因为出色的政绩,李斯很受嬴政的信任,担任了左丞相的职务,嬴政出巡时,他也多次随行在身侧。

李斯的污点

李斯一生有大才,却为名利所缚。公元前210年,嬴政在出巡途中病逝,李斯在中车府令赵高的威逼利诱下,发动沙丘政变,扶持胡亥即位,以图保全自身的功名利禄。但很快,他就被赵高所害,三族被诛灭。与赵高合谋易储可以说是李斯一生中最大的政治污点。

另外,李斯因嫉妒而谋害韩非的事情也备受非议。

韩非是李斯早年间拜入荀子门下学习时的同窗,才名远扬,连李斯自己都认为在学问方面比不上韩非。

后来,韩非的文章传到了秦国被嬴政看到,嬴政十分欣赏韩非的才华,迫切想要得到韩非,让他为自己效力。

那时候,韩国还没有被灭,韩非还是韩国的宗室公子,为韩王效力。为了得到韩非,嬴政抓紧时间派兵攻打韩国,韩王被逼无奈,派韩非作为使者出使秦国。

嬴政见到了韩非本人,十分开心,但因为韩非的身份,嬴政无法信任他,也就没有重用他。

李斯见状，生怕嬴政某天会想起来开始重用韩非，便联合忌妒韩非才华的姚贾，一起在嬴政面前诋毁韩非，嬴政便将韩非以一个莫须有的罪名随便治了罪。

　　随后，李斯派人给韩非送去毒药，逼他自杀。嬴政反悔想赦免韩非的时候，韩非已经去世了。

　　对于韩非的死，司马迁曾说过这样一段话："韩非子写的书流传于世，学者们也都收藏有他的著作。但我仍然悲叹韩非子，能写出《说难》这样透彻的文章，自己却不能免于厄运。"

《史记》原典精选

会韩人郑国来间①秦,以作注溉渠,已而觉。秦宗室大臣皆言秦王曰:"诸侯人来事秦者,大抵为其主游间于秦耳,请一切②逐客。"李斯议亦在逐中。斯乃上谏书曰:臣闻吏议逐客,窃以为过③矣。

——节选自《李斯列传第二十七》

【注释】

① 间:刺探、做间谍。 ② 一切:一概,一律。 ③ 过:过失,错误。

【译文】

恰在此时韩国人郑国以修筑渠道为名,来到秦国做间谍,不久被发觉。秦国的王族和大臣们都对秦王说:"从各诸侯国来侍奉秦王的人,大都是为他们的国君游说,以离间秦国而已,请求大王把客卿一概驱逐。"李斯也在计划好的要驱逐的客卿之列。于是李斯就上书说:臣听官员们议论说要驱逐客卿,私下里认为这是错误的。

韩非

韩非是法家学派的代表人物,后世的人尊称他为"韩非子"或"韩子"。他所著的寓言故事通俗易懂,道理却十分深刻,将庄子以寓言说理的文章风格进一步发展,多了一些贴近现实的元素,是先秦诸子文章中的瑰宝。韩非著有《孤愤》《五蠹》《内储说》《外储说》《说林》《说难》等诸多文章,后人收集整理编纂成《韩非子》一书。

《韩非子》中的故事大多都十分著名,为后人所熟读,如郑人买履、自相矛盾、守株待兔、买椟还珠、滥竽充数、长袖善舞、吹毛求疵等。

04 名将王翦："见好就收"何尝不是一种人生智慧

人　　物：王翦
生 卒 年：不详
出 生 地：频阳东乡（今陕西省富平县）
历史地位：战国时期秦国名将、杰出的军事家

人物小传

　　王翦与白起、李牧、廉颇并称为"战国四大名将"，是嬴政手下一员不可多得的勇猛大将。在嬴政统一六国的战争中，除了公元前230年的灭韩之战王翦没有参与，其他五国，要么为王翦带兵所灭，要么为王翦的儿子王贲攻克而亡。

　　王翦是频阳东乡人，年少时就熟读兵法，喜欢军事，一个偶然的机会使他得以来到嬴政身边效力。

　　嬴政清除了权倾朝野的"仲父"吕不韦与其门客嫪毐后，开始正式亲政，秦国统一天下的序幕也就此拉开。也是从这个时间点开始，王翦大展拳脚，为秦国立下了赫赫战功。

横扫赵燕魏

公元前 236 年，秦军伐赵，拉开了统一天下的序幕——王翦率领军队攻占了赵国的阏与，接着又一连占领了赵国的九座城邑。

七年后，秦王嬴政再次派王翦率领军队攻打赵国，准备一举攻灭赵国，然而王翦此战遇到了赵国的名将李牧，与李牧相持了一年多的时间，后来使用反间计才除掉了李牧。李牧死后，王翦的攻势锐不可当，赵王投降，秦国将赵国吞并，并将其设置为秦国的郡县。

公元前 227 年，燕国太子丹派荆轲刺杀秦王嬴政，嬴政震怒，派王翦率领军队攻打燕国。燕王喜和自立为代王的赵嘉联合起来抗秦，但还是没能胜过王翦的军队，最终燕王喜逃到辽东，王翦顺利攻占了燕国的都城蓟城，燕国名存实亡。

公元前 226 年，嬴政派王翦的儿子王贲率领军队攻打楚国。这个王贲同样是秦朝有名的将领，继承了父亲的统军才华，很快便大胜而归。王贲在回师的途中，还顺道去攻打了魏国，魏王直接投降了，于是魏国也就此被平定。

十年间，王翦和王贲父子二人横扫了赵、燕、魏三国，并多次在攻伐楚国的战役中获得胜利。

攻打楚国

公元前 226 年，秦王嬴政终于下定决心铲除当时秦国东出路上最强大的敌人——楚国。楚国地处荆楚之地，地域辽阔、资源丰富，想要攻灭楚国，绝不是一件简单的事情。

于是,嬴政分别召来大将李信和王翦,询问道:"寡人打算攻灭楚国,你觉得大概需要多少兵力?"

此处先简单介绍一下这位名叫李信的将军。

他是秦王嬴政十分欣赏的一位年轻将领,王翦带兵攻打燕国那年,在王翦还没抵达燕国都城之前,李信就已经带着一支先遣部队率先发动进攻,逼得太子丹逃入蓟城。后来,燕王喜和太子丹弃城逃跑时,也是李信率领着几千名士兵,一路穷追不舍,追到衍水边,逼得太子丹身死。

这一战之后,秦王嬴政十分喜欢李信的勇敢能干,想要重用他。

眼下，面对秦王抛出的问题，自信而年轻的李信回答说："不超过二十万人，我就能把楚国攻克！"

同样的问题问到王翦时，王翦的回答却是："没有六十万人是不可能攻克楚国的。"

听完两人的回答，秦王就开始叹息："王将军大概是老了！不然为什么这么胆怯呢？相比而言，李将军要果断勇敢得多，我觉得他说得对！"

之后，秦王便分拨给李信二十万大军，让李信与蒙恬带着这二十万兵力前去攻打楚国。王翦见自己的建议没有被秦王采纳，便上奏说自己病了，需要辞官回乡养老。秦王同意了他的上奏，于是王翦回到了老家频阳休养。

公元前225年，李信与蒙恬兵分两路，攻打楚国的平舆和寝丘，大败楚国的军队。这次胜利让李信对攻克楚国一事更有信心，也更加急切了。

李信乘胜追击，攻破了鄢、郢两座城池，而后带兵向西进军，准备与蒙恬会师。

不承想，楚国的军队尾随在李信军队的后面，不休不眠地追了三天三夜，结果大败李信的部队。楚军攻进了李信的两座军营，杀死了李信麾下的七个都尉，剩下的秦国军队落荒而逃。

老将出山

秦王嬴政听到李信兵败的消息后，非常生气。

他又想起了告病还乡的王翦，为了让王翦回来为自己效力，嬴政驱车亲自来到王翦的故乡看望他，并诚心地向王翦道歉说："我那时没有采纳您的建议，实在是糊涂啊！如今李信领兵攻打楚国，大败而归。我听说楚国的军队每天都在向西挺进,很快就要打到秦国了,将军虽然有病在身,但您忍心不管我、不管秦国吗?"

王翦却不肯轻易原谅秦王的不信任,他负气地说:"臣年纪大了,体弱多病,头脑糊涂,恐怕不能胜任,大王您还是另请高明吧!"

嬴政知道他心里有气,继续诚恳劝说道:"我知道将军之前受了委屈,但现在情况紧急,还请将军不要再推辞了。"

王翦见好就收，对嬴政说："如果大王一定要用老臣也可以，老臣还是那句话，没有六十万人是不可能攻克楚国的。"

嬴政连忙对他承诺说："一切都听将军的。"

于是，王翦再次回朝，领兵出征。嬴政也如约定好的那样，调集了六十万大军，让王翦统领着前去攻取楚国。

在出征这天，嬴政还亲自为王翦送行。王翦趁机向嬴政讨要了很多赏赐。

嬴政疑惑地问他："将军就要去征战了，为何还要向我讨要这些田地、房产和园林呢？"

王翦回答说："做大王您的将军，立下战功到最后也未必能封侯，还不如在大王您还信任我的时候，多要一些产业留给后代子孙。"

嬴政哈哈大笑，并不觉得王翦无礼，还有点喜欢他的率直。

王翦甚至在行军途中，也没忘记向秦王索要赏赐。从咸阳到函谷关的这段路程，他一连五次派使者回去向秦王嬴政索要赏赐。

王翦身边的人不理解，还劝他不要这么贪财，王翦却说："我们的大王是个疑心病很重的人，现在他把六十万大军交到我手上供我调配，难免会担心我拥兵自重。如今我多次为子孙向他请求赏赐，让他觉得我这个人贪图钱财、顾念子孙，反而能让他对我放心。"

果然，这一波操作，让嬴政对出兵在外的王翦很放心，没有对他后来的战略指手画脚。

公元前224年，王翦率军抵达楚国边境，楚国听说是老将王翦取代了李信来征讨，发动了全国的力量来抵抗。

但王翦驻守在楚国边境整整一年都没有什么动静，六十万士兵坚守不出，大家每天无聊地在营地里扔石头玩。哪怕楚军多次挑衅，王翦始终不让出战。

楚国的军队在边境跟着耗了一年，按捺不住，准备撤退。

王翦趁楚军调动之际，抓住时机出击，大败楚国的军队。

而后，王翦趁着胜利的大好局势占领了楚国的大片土地。一年之后，王翦在对战中活捉了楚王负刍，顺利攻下了楚国都城寿春，楚国的将领项燕败退至长江以南。

次年，王翦和蒙武再次攻楚，楚军败亡，项燕也战死了，楚国彻底变成秦国的郡县。

王翦攻下楚国后，又马不停蹄地挥兵南下讨伐南方的少数民族。与此同时，王翦的儿子王贲，也与李信一起平定了燕国和齐国。

在秦王嬴政统一天下的过程中，王翦父子和蒙恬兄弟的功劳最大，他们的名声也一直流传于后世，成了历史的传奇。

《史记》原典精选

　　于是始皇问李信："吾欲攻取荆，于将军度①用几何人而足？"李信曰："不过用二十万人。"始皇问王翦，王翦曰："非六十万人不可。"始皇曰："王将军老矣，何怯也！李将军果势②壮勇，其言是也。"遂使李信及蒙恬将二十万南伐荆。王翦言不用，因谢病③，归老于频阳。

　　　　　　　　　　——节选自《白起王翦列传第十三》

【注释】

　　①度：估计，推测。　②果势：果断。　③谢病：推托有病。

【译文】

　　一天，秦始皇问李信："我打算攻取楚国，将军估计调用多少人才够？"李信回答说："最多不过二十万人。"秦始皇又问王翦，王翦回答说："非得六十万人不可。"秦始皇说："王将军老喽，多么胆怯呀！李将军真是果断勇敢，他的话是对的。"于是就派李信及蒙恬带兵二十万向南进军攻打楚国。王翦见自己的话不被采用，就推托有病，回到家乡频阳养老。

王翦的结局

　　有关王翦的生平记载，到他平定楚国之后就不详尽了，有人猜测说，他在帮助秦王嬴政扫平六国后选择了急流勇退，得了善终。

　　确实，封建社会的帝王，对于那些曾经立下丰功伟绩的将领，大多会有所忌惮，害怕他们"功高盖主"，进而萌生反叛之心。再来看战国四大名将的结局：廉颇远走异国，白起与李牧被杀害，只有王翦功成身退，得以善终。

　　秦朝灭亡时，王翦的后代分家避祸，造就了琅琊王氏和太原王氏两个千年豪族。

蒙恬驱匈奴：我就是大秦的长城

人　　物：蒙恬
别　　称：笔祖
生 卒 年：？—公元前210年
出 生 地：齐国蒙山（今山东省临沂市蒙阴县）
历史地位：秦国名将，中华第一勇士，古代开发宁夏的第一人

秦国还有一位不得不提的大将——蒙恬。

蒙恬是典型的将门之后，他们蒙氏家族几代人都侍奉秦王，效忠于秦国。

蒙恬的祖父名叫蒙骜，原本是齐国人，后来来到秦国，效力于秦昭襄王，官位做到了上卿。

到了秦庄襄王时期，蒙骜继续为秦王效力。秦庄襄王元年（公元前249年），蒙骜率领秦国军队攻打韩国，并占领了成皋、荥阳等地，秦国在这些地区设置了三川郡。秦庄襄王二年，蒙骜再次率领军队攻打赵国，占领了三十七座城池。

秦王嬴政时期，蒙骜仍在朝中担任要职。秦王政三年（公元前245年），蒙骜率领军队攻打韩国，占领了十三座城池；秦王政五年（公元前243年），蒙骜率领军队攻打魏国，占领了魏国二十座城池，之后秦国在魏国旧地设置东郡。一直到秦王政七年，蒙骜去世前，都还在为秦国征战。

蒙恬的父亲蒙武同样是武将，曾在朝中担任内史（秦朝京城的最高行政长官）一职，还与王翦一起联手灭掉了楚国。

到了蒙恬这一代，因为出身将门，打小受到长辈的熏陶，他年轻时就胸怀国家，立志征战沙场，为秦国效力。

一开始，蒙恬还做过狱讼记录的工作，负责掌管狱讼有关的档案。后来，因为秦王对蒙氏家族的信任，蒙恬被任用为将领，于秦王政二十六年（公元前221年）参与了攻打齐国的作战。蒙恬也很争气，在这次作战中取得了战功，班师回国后，嬴政将他升为内史。

驱逐匈奴

灭齐之后，嬴政统一了天下，但蒙恬也并非从此没有了用武之地。

那时候，秦国的北边还遭受着匈奴的骚扰，甚至边境的一些地方也被匈奴占领了。秦始皇三十二年（公元前215年），嬴政便派蒙恬率领三十万大军向北驱逐匈奴，蒙恬从雁门出塞，迅速攻占了河套北部地区，同时在北地、陇西的秦军也向河套南部地区发动进攻。匈奴人抵挡不住大秦的铁骑，纷纷溃败逃跑，秦军很快就收复了河套南部。

夺取了河套南部之后，蒙恬清醒地认识到，匈奴人必然不会甘心失去河套南部，肯定会再来进犯。于是，他在第二年的春天，果断率领秦军主力再次渡过黄河，杀入阴山和贺兰山高地，在高阙、阳山、北假等地找到匈奴主力，

与其展开激战。

匈奴人的领袖头曼单于果然不甘心被驱逐出了河套南部,正集结兵力准备南下,只是他还没有准备好,秦军就已经杀到,措手不及之下,匈奴再次大败。

蒙恬率领的秦国军队连战连捷,给了匈奴巨大的打击,头曼单于不得不退出阴山和贺兰山高地,一路向西北撤退了七百余里,最后退到漠南一带继续以游牧为生。至此,蒙恬对匈奴的用兵取得了完全胜利。

而后,蒙恬的三十万大军一直驻扎在北边的上郡,威慑匈奴,秦始皇随后在河套南部设置了九原郡,置三十四县,并在公元前211年北迁三万户,开发河套南部，使这里成为富庶的"新秦中"，成为抗击匈奴的后方基地。

蒙恬在边境驻守了十多年，威震匈奴，让匈奴人不敢再来侵犯。蒙氏因此更受秦始皇的信任。蒙恬也因为这十多年对抗匈奴的功绩，被誉为"中华第一勇士"。

修筑长城

蒙恬在驻守边境期间，还做了许多大事，其中之一就是监督修筑举世闻名的防御工程——长城。

战国时期，一些诸侯国为了抵御北方游牧民族或邻近武装势力的侵扰，在边境依据天险修筑了防御工事——长城。这时候修建的长城方向各不相同，长度也长短不一，从几百千米到上千千米不等，为了与后来秦朝修建的长城区分开，这一时期的长城也被称作"先秦长城"。

蒙恬北逐匈奴战事结束后，秦始皇下令让他在边境就地监督修建长城。

蒙恬吸取战国时期据险防御的经验，从榆中沿黄河至阴山构筑城塞，将曾经秦、赵、燕修筑的五千余里旧长城连接起来并延伸，构建起北方漫长的防御线。

秦长城西起临洮、东至辽东，绵延一万多里，因而得名"万里长城"。

长城在相当长的一段时间里有效抵御了北方游牧民族的南下，保护了秦王朝统治区域内社会经济和人民生命财产安全。

除了监督修建长城外，蒙恬还奉命修建了北起九原、南至云阳的直道。这段直道用黄土夯实，全长七百三十多千米，连接了关中平原与河套地区，因为途经地区的地形复杂，需要挖山填谷，因而工程进展缓慢，修建了很多年。

这条道路一旦建成，从关中调兵到北方边境就很方便，意义重大，影响深远。

因为伐匈奴、筑长城、修直道等诸多表现，嬴政很信任蒙恬，认为他是贤能之臣。蒙恬在外面建功立业，他的弟弟蒙毅就在朝堂上为秦始皇出谋划策。

蒙恬的弟弟蒙毅，同样深受嬴政的信任，做到了上卿之位，上朝时随侍在嬴政的身边，外出时甚至能与嬴政乘坐同一辆马车。

蒙氏两兄弟，一文一武，都以"忠信"出名，当时朝中的大臣们，没有一个敢与他们争锋。

然而，正所谓"树大招风"，此时的蒙恬可能怎么也不会想到，他们蒙氏一族世代为秦国尽忠，荣耀至极，最终却毁在了一个宦官的手中。

《史记》原典精选

秦已并天下，乃使蒙恬将三十万众北逐戎狄，收河南。筑长城，因地形，用制险塞①，起临洮，至辽东，延袤②万余里。于是渡河，据阳山，逶蛇③而北。暴师④于外十余年，居上郡。是时蒙恬威震匈奴。

——节选自《蒙恬列传第二十八》

【注释】

① 险塞：犹"要塞"，地势险要的设防要地。　② 延袤：绵延不断。
③ 逶蛇：即"逶迤"，弯曲而延续不断的样子。
④ 暴师：指军队遭受风吹日晒。

【译文】

秦国兼并天下后，就派蒙恬带领三十万人的庞大军队，向北驱逐戎狄，收复黄河以南的土地。修筑长城，利用地理形势，设置要塞，西起临洮，东到辽东，逶迤绵延一万余里。于是渡过黄河，占据阳山，曲曲折折向北延伸。烈日寒霜，风风雨雨，在外十余年，驻守上郡。这时，蒙恬的声威震慑匈奴。

拆拆补补建长城

长城的修筑历史最早要追溯到西周时期，周王朝为了抵御北方游牧民族的袭击，曾修筑连续排列的城堡"列城"以作防御工事。春秋战国时期，各诸侯国纷纷在边境上修筑起长城，不仅为了抵御外族入侵，还为了互相防守。

秦始皇统一六国后，为了防御匈奴，下令让蒙恬负责监督万里长城的修筑。这时候修长城的工作并不全是新建，还有一部分工作是拆掉之前各个诸侯国之间用来互相防守的旧长城，以及修缮秦、赵、燕之前修筑的北方边境长城，并将其连接起来。

沙丘政变：宦者私欲葬送了大秦帝国

人　　物：赵高
生 卒 年：？—公元前207年
出 生 地：不详
历史地位：秦国权臣、宦官，策划了沙丘政变，拥立秦始皇幼子胡亥即位

秦始皇统一天下后，为了"示疆威，服海内"，先后几次巡视全国，希望通过宣德扬威，使六国旧民从精神上对他臣服，以达到安定天下、成就万世之业的政治目的。

他的足迹向北到过秦皇岛，向南到过两湖和江浙地区，向东到过东部沿海地区。

为了出行方便，他还下令以都城咸阳为中心，向四面八方延伸出去修筑"高速公路"，也就是驰道。

始皇病危

公元前210年，也就是秦始皇三十七年，嬴政第五次出宫巡游。

这次巡游的队伍中，有左丞相李斯、上卿蒙毅、中车府令赵高，还有嬴政的小儿子胡亥。嬴政一共有二十多个儿子，年纪最小的就是这位胡亥了。

巡游的队伍先是从水路到达会稽，而后沿海岸线北上到达琅邪。可就在路过平原津的时候，嬴政突然病倒了，巡游也暂时停了下来。

此时的嬴政已经快五十岁了，他很害怕"死"这件事情，便派蒙毅折返回去向山川神灵祈祷，让自己早日康复。

可嬴政的病情却不见好转，还一天天地恶化，他便给自己还在蒙恬军中做监军的长子扶苏写了一封诏书，诏书中写道："朕命不久矣，你赶紧回咸阳准备迎接朕的灵柩，处理朕的丧事吧。"

诏书写好后，嬴政将它封好并加盖了玉玺，之后交到了中车府令赵高手里，让他赶紧派人快马送给扶苏。

这里先解释一下，"中车府令"是什么官职，赵高又是什么人呢？

秦朝实行三公九卿制度，九卿中有个官职名叫"太仆"，而"中车府令"就是"太仆"的属官，专门负责皇帝出行的车舆相关事情，官职并不大。

而这位赵高呢，原本是赵国王族一个分支的一员，但他的母亲受过刑罚，他们兄弟几人生下来就被处以阉刑，成了宦官，赵高一家的身份都很卑微。但嬴政听说赵高很有才能，在刑狱法律上很有建树，便选拔他做了中车府令，私下里还让他教导小儿子胡亥如何审判案件。

因为赵高平日里办事认真勤勉，嬴政对他宽仁有加。赵高曾经犯下大罪，被不讲情面的廷尉蒙毅判了死刑，可嬴政不仅赦免了赵高，还让他兼职保管皇帝的玉玺，可以说是非常信任他了。

但赵高是个很有野心的家伙，他拿到秦始皇交给他的诏书后，私心里并不希望扶苏回到咸阳即位。赵高一直与胡亥亲近，要是胡亥能即位称帝，他就能掌控秦国的大权，但要是正直的扶苏即位了，他就一点机会都没有了。

于是，赵高悄悄地将诏书扣了下来，没有送出去。

沙丘宫之变

七月，千古一帝秦始皇在沙丘宫病逝。

随行的丞相李斯非常害怕，皇帝死在了出宫巡游的途中，还是非常突然地离世了，这个消息要是泄露了出去，朝中的一众皇子可能会有争夺皇位的想法，天下的百姓也会因此而恐慌，到时候就天下大乱了。思来想去，李斯决定先封锁消息，秘不发丧，也不为嬴政举办丧事。

这恰好符合赵高的心意。

李斯与赵高商量过后，将嬴政的遗体放在一辆温凉且通风的车子中，假装无事发生，继续向咸阳进发。

他们安排了秦始皇之前宠信的几个宦官守在车上，该吃饭时就往车里进献吃食，一切看起来和嬴政没去世时一样；文武百官想要向秦王上奏政事，就站在车子外面对着车门讲，由车里的宦官来回复他们所报告的事情。至于奏章的批复，也都是由车里的宦官们假借皇帝之名来处理。

至此，嬴政去世的事情，只有嬴政的小儿子胡亥、丞相李斯、中车府令赵高以及五六个亲近的宦官知道。

前面提过，嬴政在世时，曾经让精通刑狱法律的赵高私下里教导胡亥如何

审判案件，因此胡亥与赵高的关系一直很亲近。此时赵高就试探胡亥说："如今皇帝突然驾崩，没有立下太子，若是按照长幼顺序，等长公子扶苏回到咸阳，他就可以即位成为皇帝，到时候公子您可怎么办呢？"

起初胡亥还没啥想法，觉得本就应该由大哥扶苏即位，可经过赵高一番游说加恐吓后，他却开始动摇了。

赵高说："公子您还小，连封地都没有，将来岂不是要任人拿捏？皇帝去世前曾给扶苏下了一道诏书，让他回咸阳处理丧事，但这封诏书还在我的手上没有发出去。现在天下大权的归属就在您和我的手上，您是想统领群臣还是俯首称臣，就在您一念之间！"

等到胡亥彻底心动，答应听赵高的安排后，赵高又说："这件事如果不与丞相李斯合谋，恐怕不能成功。"于是，二人又一起去见李斯。

赵高撺掇李斯道："丞相大人，如今皇帝去世了，谁来做继承人，可都凭你我的一句话。"

李斯乍一听赵高这么说，立马惊呼："你这是大逆不道！这种事岂是我们这些做臣子的可以议论的？"

赵高也不着急，他慢悠悠地旁敲侧击道："大人您先想一想，您与北境那位蒙恬将军相比，谁更厉害一些？谁的功劳更高一些？谁的谋略更厉害一些？天下的百姓更拥戴谁一些？长公子扶苏又和谁的关系更亲密一些？"

李斯回答说："这五个方面我都不及蒙恬。但你为什么要说这些呢？"

赵高幽幽叹了一口气，说道："我是一个运气很好的宦官，被皇帝召入咸阳宫中任职。在这二十年里，我就没见过被秦王罢免了官职的丞相功臣还能得到善终的。长公子扶苏刚毅而勇敢，能结交有才之人并任用，但也眼睛里揉不得沙子。您曾与他在'坑儒'这件事情上意见相左，难保他不会记恨您。他若当了皇帝，一定会任命蒙恬为丞相，那么到时候被罢免了官职的您，还能讨得到好吗？"

李斯果然开始动摇，赵高便乘胜追击利诱说：

"我曾受命教导公子胡亥读书，所以很了解他。胡亥仁慈忠厚，几乎没有什么过失，是担当皇位继承人的不二人选。如果您能和我一起帮助他顺利即位，他将来一定不会亏待您。希望您慎重考虑一下，做出定夺！"

李斯犹豫再三，最后还是选择了和赵高合谋，二人一起向朝中宣称：李斯手里有秦始皇的遗诏，立胡亥为太子。

逼死扶苏

二人担心留着长公子扶苏和将军蒙恬会再生事端，干脆一不做二不休，决定除掉扶苏和蒙恬。

为此，他们又制造了一份假的诏书，罗列扶苏与蒙恬的罪状，逼迫他们自杀谢罪。诏书中说：

> 扶苏和蒙恬奉命带领三十万军队驻守边疆十多年，没有取得任何进展，还折损了不少将士，此为一错；扶苏多次上奏诽谤皇帝的作为，其实只是因为没有被立为太子，还被发配到边境，所以在宣泄对父亲的不满，此为二错。
>
> 扶苏作为儿子却不孝顺，现在赐其自杀。蒙恬与扶苏一同在外，却不能及时纠正他的错误，知道他的阴谋却不向国君报告，这是不忠，所以也赐其自杀。

诏书拟好后，赵高盖上了秦始皇放在自己这里保管的印玺，而后交由使者送去上郡。

使者抵达上郡后，将诏书和宝剑交给扶苏。

扶苏一打开诏书，立刻痛哭出声，他走进屋内就想要自杀，一旁的蒙恬连忙上前制止了他。蒙恬说："请公子不要冲动！陛下派我率领三十万大军戍守边关，派公子您担任监军，这都是国家的重任。如今陛下巡游在外，突然派过来一名使者传话，您就不担心其中有诈吗？"

扶苏怔愣地看着他。蒙恬继续说道："臣恳请公子再向陛下请示一下，等问明白了再死也不晚啊！"可赵高派来的使者却根本不给他们机会，只是在一旁再三催促扶苏按照诏令的指示行事。

扶苏为人忠厚仁德，不愿意怀疑父亲的命令，他对蒙恬说："父亲赐儿子死，儿子还用得着再三请示吗？"说罢就挥剑自杀了。

蒙恬抱着扶苏的尸首伤心欲绝，却也不肯乖乖自杀，使者拿他没办法，就将他交给法吏看管，关押在阳周，军中的事务都由李斯的家臣接管。

办完这些事情后，使者返回赵高身边，将发生的一切如数汇报给了赵高等人。赵高大喜，和胡亥、李斯等人抓紧时间赶路，回到咸阳，而后他们发布了秦始皇已经驾崩的消息，并用假诏书拥立胡亥继位，胡亥也就是秦二世。

赵高的职位也跟着水涨船高，从一名小小的中车府令升为郎中令。

赵高专权

胡亥登上皇位后不久，就开始放纵自己，尽情享乐。

他问赵高说："我现在已经是天下之主了，我希望能长久地统治天下，享受现在的生活，你能帮我实现吗？"

赵高心里一直对没死的蒙恬耿耿于怀，于是趁机进言，让胡亥以严刑峻法惩治那些对皇位有威胁的人。

于是，蒙恬、蒙毅两兄弟被杀，秦二世的兄弟姐妹和朝中的很多大臣都被寻了个由头处死，牵连者不计其数。

蒙氏兄弟去世后，赵高在朝中的势力更盛，秦二世也更加倚重他。

赵高当上郎中令以来，公报私仇杀害的人太多，他害怕大臣们在秦二世面前揭发他，便对秦二世说："您的岁数不大，未必什么事情都懂，在朝堂上一旦有什么问题处理得不妥当，难免会让朝臣们觉得您不够英明，看轻您。不如您居于深宫之中，等大臣们把事情以文件的形式奏上来，由我和几个通晓法令的人帮着您一起处理，这样朝臣们不知晓真实的情况，就只会称颂您的英明伟大了。"

秦二世觉得他的提议很好，就真的不再上朝见朝臣，整天躲在深宫里，只顾着享乐。赵高也因此常在宫中办公，国家的一切大事都取决于赵高。

赵高架空了秦二世后，独揽大权、结党营私，还屡次向胡亥进谗言，使秦国法令诛罚更加严苛，统治更加暴虐无道，大臣们人人自危。

再加上秦二世贪图奢华的生活，大肆修宫殿、修驰道，赋税征收得越来越重，徭役没完没了，终于激起了民愤。

公元前209年，从楚地发往边境戍边的士兵陈胜、吴广带头起来造反，创立了"张楚"政权。之后，崤山以东深受沉重赋役压迫的人们纷纷起来造反，响应陈胜、吴广起义。

然而，远在咸阳宫的秦二世胡亥听说了起义军造反的事情后，非但没有反思自己的统治，反而将过错都怪罪到右丞相冯去疾和左丞相李斯的身上。

李斯非常害怕，拉拢了右丞相冯去疾、将军冯劫等人，准备一起劝谏秦二世减少一些徭役。

而此时，与胡亥关系最亲近的赵高又在干什么呢？他听说李斯想要劝说秦二世，就在秦二世面前搬弄是非，好把官职在自己之上的李斯除之而后快。

秦二世果然听信赵高的谗言，不仅听不进去李斯等人的劝谏，还相信了李斯有谋逆之心，很快便下令将李斯腰斩于市。右丞相冯去疾、将军冯劫不堪受辱，自杀身亡。

李斯死后，赵高再次升迁，从郎中令升职为丞相，事无大小都由他来决断，真可谓一人之下、万人之上。

指鹿为马

赵高做了丞相之后，对权力的渴望膨胀到了顶峰，他为了检验自己的权势究竟有多大，还在朝堂上上演了一出"指鹿为马"的戏码。

公元前207年的某一天，赵高在上朝时让手底下的人牵上来一头小鹿献给胡亥，并对秦二世说："臣近日得了一匹千里马，特意献给陛下。"

然而，胡亥对着这匹"千里马"左看右看，硬是没看出这鹿有半分像马，他笑着对赵高说："丞相，你弄错了吧？这分明是一头小鹿，怎么会是千里马呢？"

赵高并没回答胡亥的话，而是转过身来问朝上的群臣："众位大臣们来说一说，这是鹿还是马呢？"

大臣中有害怕赵高狠辣手段的，忙附和赵高说："丞相说得对！这就是

马。""对对对，我前些年还养过马呢，这就是马没错了！"

也有一些为人耿直或搞不清楚状况的大臣不愿意指鹿为马，直言不讳地指出："这分明是鹿！不是马！"

还有一些中庸的人，干脆缄默不语，不发表意见。

赵高见状，接着忽悠秦二世，让他以为是自己冲撞了神灵，才会将马看成鹿，而后安排秦二世出宫斋戒。

赵高在秦二世离宫后，很快便将在朝堂上说真话的大臣们都按莫须有的罪名流放或杀害。从这以后，朝堂上就都是奉承赵高或不敢发表意见的大臣了。

然而，此时咸阳城外反叛的人越来越多，秦二世也开始寝食难安了。他派使者去质问赵高，为何会到这种地步，赵高干脆打起了弑君夺位的算盘。

他安排亲信带着大批士卒，假装要捕捉逃进皇宫的贼人，手持兵器闯进了秦二世所在的望夷宫内。秦二世无路可逃，只得匆匆拔剑结束了自己的性命。

赵高本想自己登基称帝，但文武百官都低头不语表示抗议，赵高只得将玉玺传给了王室成员子婴。子婴在位仅四十六天，刘邦的起义军就兵临城下，子婴眼看大势已去，出城投降。

大秦帝国只延续了短短十五年，就因为赵高的一己私欲走到了尽头……

《史记》原典精选

　　七月丙寅，始皇崩于沙丘平台。丞相斯为上崩在外，恐诸公子天下有变，乃秘之，不发丧。棺载辒凉车①中，故幸宦者参乘②，所至上食。百官奏事如故，宦者辄从辒凉车中可其奏事。独子胡亥、赵高及所幸宦者五六人知上死。

——节选自《秦始皇本纪第六》

【注释】

① 辒（wēn，温）凉车：一种既密闭又通风可以躺卧的车，后来专指丧车。
② 参乘：陪乘的人。

【译文】

　　七月丙寅日，始皇在沙丘平台驾崩。丞相李斯认为皇帝在外地驾崩，恐怕皇子们和各地官员乘机制造变故，就对此事严守秘密，不发布丧事消息。棺材放置在既密闭又能通风的辒凉车中，让过去受始皇宠幸的宦官做陪乘，每走到适当的地方，就献上饭食，百官像平常一样向皇上奏事。宦官就在辒凉车中降诏批签。只有胡亥、赵高和五六个曾受宠幸的宦官知道皇上死了。

美好的扶苏

　　秦始皇的长子扶苏，他的名字可能来源于《诗经》中的一句："山有扶苏，隰有荷华。不见子都，乃见狂且。"这句诗描绘的是年轻女子在与心上人约会时的场景，大意是：山上有茂盛的扶苏，池子里开满了娇美的荷花。我没见到美男子子都啊，偏遇见你这轻狂之人。

　　"扶苏"的意思是枝叶茂盛的树木，也有香草佳木之意，是很美好的意象。秦始皇给长子取这个名字，足见他对这个儿子的喜爱。

贰 ○ 不以成败论英雄
——秦末起义，楚汉争霸

大泽乡起义：王侯将相宁有种乎

人物：陈胜
别　称：陈涉、陈王
生卒年：？—公元前208年
出生地：阳城（今河南省南阳市方城县）
历史地位：秦末农民起义军的领袖，张楚政权的建立者

上一篇我们说到，公元前209年，从楚地发往边境戍边的士兵陈胜、吴广带头起来造反，创立了张楚政权。陈胜还自立为"楚王"。

那么，这个"陈胜"是谁呢？他是因为什么契机要带头起来造反呢？

鸿鹄之志

陈胜从小就有着伟大的志向。

年少时，他家里穷，曾在别人家里做雇工。有一次，他被雇用在田里耕种，他耕田累了，躺在田埂上休息。

与伙伴们闲聊时，聊到了雇主对他们的压迫，还有秦朝统治的残暴不仁，陈胜忍不住愤愤不平，对一起耕种的人说："将来有一天，我们中的谁要是富贵了，可千万不要忘了提携今天一起受累的伙伴啊！"

谁承想一起耕种的人纷纷嘲笑陈胜说："富贵？你不过是一个被雇来种田的，能有什么富贵可言呢？"

陈胜叹了口气，说："唉！小燕雀又怎么会知道鸿鹄的远大志向呢？"

大泽乡起义

公元前 209 年，也就是胡亥当政的第一年。

此时蒙恬、蒙毅两兄弟已经被赵高害死，朝中由赵高大权独揽，由于他不断地进献谗言，秦朝的赋税徭役变得更加繁重，法令诛罚变得更加严苛，统治更加暴虐无道。

这一年的七月，秦朝的官吏从陈胜家乡征收了九百个民夫去渔阳守边，这个民夫队伍里就有陈胜，他与另外一个名叫吴广的人被选出来一起担任小队长。

吴广是阳夏（今河南省周口市太康县）人，同样出身于穷苦人家。

陈胜、吴广与其他民夫被征调后，在两名官吏的押送下，日夜兼程地赶往渔阳守边。但当他们走到大泽乡（今安徽省宿州市埇桥区大泽乡镇）这个地方的时候，天公不作美，下起了大雨，道路变得泥泞，通行困难。

陈胜一行人因为路况拖延了好几天的行程，导致他们不能按时抵达渔阳，而按照当时秦朝的律法，凡是征来戍守边关的兵卒，只要没按时抵达的，一律处斩。

于是某天夜里，陈胜悄悄找到吴广，商议说："如今我们不逃走肯定是死；如果我们逃走，被抓回来也会被处死；起来造反干一番大事业，哪怕失败了，无非也就是死！横竖都是个死，倒不如临死前干一番大事业，怎么样？"

吴广思量了一下，赞同说："我看行。"

陈胜又继续说道："天下百姓苦于秦朝严苛的律法、残暴的统治已经很久了！而且我听说咱们现在的皇帝是秦始皇的小儿子，原本不应该由他来即位的，应该即位的是长子扶苏。扶苏由于之前多次劝谏秦始皇，秦始皇厌烦了，就把他派到北境去监军。我听说扶苏其实根本没有犯下什么过错，秦始皇原本打算召回他的，但咱们现在的皇帝不想他回都城就害死了他。百姓们都知道扶苏的贤能，却还有很多人都不知道他已经被害死了。还有楚国的将军项燕，曾经多次立下战功，爱兵如子，楚国人都十分爱戴他，但他现在也下落不明。不如我们就冒充公子扶苏和楚将项燕，以他们的名号来起义，反抗秦二世的暴政，应该会有很多人响应吧？"

吴广觉得陈胜说得十分有道理，赞成起义。

古时候，人们在做大事之前喜欢找人占卜，预测凶吉，这种迷信活动十分流行，陈胜和吴广也不例外。他们想知道自己的起义行动能否成功，特意找了一个算卦的方士，占卜吉凶。

算卦的方士听说了他们的来意，也猜出了他们的心思，就对他们说道："您二位即将要做的这件事能成功，而且您二位也一定能创下莫大的功业。但你们为什么不把这件事向鬼神问一问呢？"

陈胜和吴广听了前半句十分开心，但又对后半句的意思有些困惑，便追问："先生，您的后半句是什么意思呢？"

那方士便回答："你们可以借鬼神之口，在群众中树立威信。"

陈胜和吴广立刻明白了方士的意思，他们商量之后，让人买来绸缎，用丹砂在上面写上"陈胜王"，而后再偷偷放入捕鱼人捉到的鱼的肚子里。

这条鱼就"恰巧"被戍边的民夫们买了回来，民夫们一剖开鱼的肚子，就看见了鱼肚子里的帛书，民夫们都觉得十分惊奇，私下里议论不休。

这还不够，到了晚上，陈胜和吴广又安排了人悄悄去营地附近的神庙里点起篝火，学着狐狸的叫声高喊道："大楚兴，陈胜王。"

民夫们被吓得十分恐慌，一晚上都没睡好觉。

经过这两次奇异的事件，到了第二天的早上，民夫们都聚在一起议论纷纷，看向陈胜的目光也都不一样了。

一想起陈胜平日里对待他们十分客气周到，从不仗着自己小队长的身份苛责他们，他们也都愿意听从陈胜的调遣。再加上鱼腹帛书和夜间狐狸叫的事件，民夫们都相信这可能是天意，没准真的要"大楚兴，陈胜王"了！

做好了前期的"思想工作"，吴广和陈胜就开始准备下一步行动了。这一天，他们买来许多好酒送给负责押送他们的两个官吏，等到他们都喝醉了，吴广就故意在那两个官吏耳边提起自己准备逃走的事情，成功地将官吏激怒。

两个官吏果然上套，抄起手边的竹板就去抽打吴广，一边抽打还一边辱骂吴广。吴广装作不敢还手的样子，被抽打得很惨。

民夫们见状气红了眼，纷纷帮吴广向那两个官吏求情。

官吏更生气了，拔出剑来准备杀死吴广，吴广找准时机跳起来，一把夺过剑，反手将官吏斩于剑下。陈胜在一旁帮忙，把另一位官吏也抓起来杀掉了。

而后他们召集了所有民夫，陈胜站到高处，神情激愤地说："各位！我们不幸遇上了大雨，无论如何也不能按时抵达渔阳了，按照大秦的律法，我们这群人都将被斩首。即使不被斩首，前去戍边的民夫们也命如草芥，能活下来的也少之又少。大丈夫不死也就罢了，死也要死得其所，闯出一番名堂来，难道王侯将相天生就比我们这群人的命尊贵吗？"

陈胜的一番话说得铿锵有力，直击人心。

底下的民夫们纷纷高喊："我等愿意听从您的号令！"

于是，陈胜、吴广就以公子扶苏与楚将项燕的名义发动起义，以顺应民众

的心愿。他们一起褪下右臂的袖子,露出臂膀宣誓,打着复兴大楚的旗号,搭建高台来祭天。

建立张楚政权

而后,陈胜自封为将军,吴广担任都尉。

他们首先攻打的就是大泽乡。攻下大泽乡后,紧接着又去攻打蕲县,蕲县的守城将士一听说他们来了直接就投降了。于是陈胜派葛婴带领一队人马去蕲县以东开辟地盘;他自己和吴广则率领剩下的人马向西攻打铚(zhì)、酂(cuó)、苦、柘（zhè）、谯等地，都攻占下来了。

他们一面进军，一面不断补充兵员扩大队伍。崤山以东的人们苦于秦朝暴政的折磨已经很久了，一听说他们来了，便纷纷杀死当地的郡守和县令来响应陈胜。等打到陈郡城郊的时候，起义军已经有了六七百辆战车、一千多名骑兵、几万名步兵。

占领陈郡以后，陈胜召集了陈郡的三老和豪杰来开会，他们很识时务地进言说："将军您身披铠甲，手拿武器，为民众讨伐暴虐无道的秦朝，重新建立楚国的政权，这么大的功劳，理应自封为王！"

于是陈胜自封为楚王，定下国号为"张楚"，而最初响应的几位都被封为诸侯。

陈胜命吴广代理王事，督率各将领向西进攻荥阳；又命令陈郡人武臣、张耳、陈馀等人去攻打原来赵国的辖地扩充地盘；命令汝阴人邓宗南下攻占九江郡。

陈胜发动起义不到三个月，赵、齐、燕、魏等地都有人打着恢复六国的旗号，自立为王。仅楚地就有多支起义军，几千人聚集在一起，起义的人不计其数。

在各地农民起义洪流的推动下，一些旧贵族的残余势力也纷纷收罗旧部，起兵反秦。在当时，反秦力量的著名首领有刘邦、项梁、项羽、英布、彭越等。

反秦的烈火已成燎原之势。

《史记》原典精选

陈胜者,阳城人也,字涉。吴广者,阳夏人也,字叔。陈涉少时,尝与人佣耕,辍耕之垄上,怅恨久之,曰:"苟①富贵,无②相忘。"庸者笑而应曰:"若为庸耕,何富贵也?"陈涉太息曰:"嗟乎,燕雀安知鸿鹄之志哉!"

——节选自《陈涉世家第十八》

【注释】

❶苟:如果。 ❷无:通"毋",不要。

【译文】

陈胜,是阳城人,字涉。吴广,是阳夏人,字叔。陈涉年轻的时候,曾经和别人一起被雇用耕田,一次当他停止耕作走到田埂上休息时,感慨恼恨了好一会儿,说:"假如谁将来富贵了,大家相互不要忘记了。"和他一起受雇的伙伴们笑着回答说:"你是被雇用给人家耕田的,哪能富贵呢?"陈涉叹息着说:"唉!燕子、麻雀这类小鸟怎么能理解大雁、天鹅的远大志向呢!"

短暂的张楚政权

陈胜、吴广大泽乡起义是中国历史上第一次有记录的大规模农民起义,揭开了秦末农民起义的序幕。然而,从陈胜谋划起义,到兵败被害,前后不过半年的时间。

究其原因,不过是陈胜在取得一定成果后开始沉溺于权力带来的好处,贪图安逸享乐,开始变得狂妄自大,失去民心。再加上起义军内部矛盾越来越大,很多将领的目光短浅,开始钩心斗角,内讧不断。不久后,吴广为部将田臧所害,陈胜也被叛变的车夫庄贾刺杀,张楚政权基本宣告灭亡。

08 项梁会稽起兵：先发制人，后发受制于人

人　　物：项梁
别　　称：武信君
生 卒 年：？—公元前208年
出 生 地：下相（今江苏省宿迁市）
历史地位：秦末楚地反秦起义军的首领之一，项羽的叔父

人物小传

前面我们提到过，陈胜和吴广在起义反秦时，对外用的是公子扶苏与楚国将领项燕的名义。这个公子扶苏，我们已经知道了他是秦始皇的长子，并且已经因为赵高与李斯伪造的诏书自刎而亡了。那么，这位项燕又是谁呢？他如今又在何处呢？

项燕其人

项燕是战国末年楚国名将，他为人有勇有谋，为将爱护士兵，深受楚人的爱戴。

说起项燕，那就不得不提到秦王嬴政灭六国时期的灭楚之战。

公元前224年，也就是秦王政二十三年，秦国大将李信率领二十万大军向东南方向进攻楚国，取得几次胜利后李信开始轻敌。项燕趁机尾随在后三天三夜，抓住时机进行反击，从而大败李信的军队。

后来，老将王翦重新出山，率领六十万秦国军队抵达楚国边境，安静了整整一年后趁着楚国军队调动之际突然出兵，大败楚国的军队。楚王负刍被活捉，都城寿春失守，项燕也在次年战死了。

所以，在陈胜、吴广起义之时，项燕其实和公子扶苏一样是个已死之人。陈胜、吴广也就是仗着古时候信息不灵通，才能冒充他们二人的名义起义。

项梁其人

不过，项燕虽然已死，但他还有后代在，项梁就是项燕的儿子。

项氏家族世代在楚国为将领，因为有功被楚国国君封在了项邑这个地方，因此他们全族都以项为姓。

项梁还有一个兄长，但他英年早逝，只留下一个儿子，名叫项羽，跟着项梁一起在下相县（今江苏省宿迁市）生活。

项羽小的时候经常跟在叔叔项梁身边学习，可此时的项羽似乎和"西楚霸王"这个名号丝毫不沾边。他学习写字学了好一阵子也不见长进，没了耐心之后就改行去学习剑术，可剑法也学得马马虎虎，还没完全掌握就不想学了。

项梁为此十分生气，项羽却对他说："写字会写名字就够了，剑法再好也只能赢过一个人，这些都不值得我认真学。我想要学能和上万人对抗的本事！"

项梁听了他的志向，哭笑不得，转而教他兵法。但他还是之前的脾性，学个大概就不肯下功夫了。

后来，项梁带着项羽游历各地。

有一次，叔侄二人游历到栎阳县时，项梁不小心触犯了法律，被逮捕入狱，他委托自己在蕲县做狱掾（掌管监狱的官吏）的好友曹咎给栎阳县的狱掾司马欣写了一封信说情，这才得以免于刑罚。

但后来项梁又失手杀了人，这次没人能帮他脱罪了，项梁在原来的地方住不下去，只好带着项羽一起逃到吴县去躲避仇家。

吴县是秦朝会稽郡治下的一个县，项梁逃到这里后混得还算不错。

项梁出身将门世家，熟读兵书，擅长辩论，还颇具领导者的能力。吴县的人对他十分佩服敬重，每逢吴县有大事发生，当地人都会请项梁出面主持。

而项梁也在办这些事的过程中，经常用兵法来部署和调度这些宾客与家中的子弟，既向他们展示了自己的实力，也得以了解这些人，知道他们各自的能力，为以后图谋大事积累了人脉。

项羽和他的叔父项梁一样，从小心怀远大的志向。秦始皇还在世的时候，有一次巡游路过会稽郡，需要渡过钱塘江，随行的队伍浩浩荡荡，排场很大，引得很多人远远地观看。

项梁也带着项羽一起去观看，项羽看着秦始皇那声势浩大的排场，自负地说道："叔父，我将来一定可以取代他。"

项梁吓了一跳，连忙捂住项羽的嘴，说："不要乱说话，这会引来灭族之灾的！"

虽然嘴上这么说，但项梁心里却觉得自己这个侄子非同寻常，很是欣赏。

杀掉郡守殷通

公元前209年,也就是秦二世元年,陈胜、吴广在大泽乡宣告起义,此事从大泽乡一直传到了会稽郡,项梁也有了起兵反秦之意。

这一年九月,会稽郡的郡守殷通找到项梁,对他说:"现在长江以西的许多地方都起义造反了,看来这是上天要亡秦朝啊!俗话说得好,先发者制人,后发者受制于人。我打算立即起兵,想请您和桓楚来给我当将军率领军队!"

桓楚是项梁的朋友,当时因为犯了罪逃亡到了草泽之中。项梁并不愿意屈居人下,便以此为借口对殷通说:"桓楚逃亡在外,只有我的侄子项羽知道他在哪里。"

殷通连忙说:"那快把你的侄子找来,让他去找桓楚。"

项梁答应了,他快步走出郡守府,找来项羽,暗中吩咐了一番,然后让项羽带着剑在郡守府外边等候。

而后,项梁先是独自走进郡守府,对殷通说:"项羽已经在门外候着了,您可以召见他了。"

殷通连声说"请!"

项羽进来后没多久,项梁就对他使了个眼色,项羽立刻按照之前说好的,拔出手中的剑,趁着殷通毫无防备之际,刺向殷通。

随后,项梁高举着殷通的人头和郡守的印绶走出郡守府,全郡守府的人都被吓傻了,门客和府中的殷氏子弟乱成一团,稍有不服的立马就被项羽拔剑杀死,于是再没人敢反抗。

而后,项梁和项羽回到吴县,将之前结识的豪强官吏都召集起来,告诉他们自己将要做的事。众人都很支持他,于是项梁从吴县起兵,凭借这些豪强官

吏的人脉与财力支持，他得以顺利接管会稽郡下属的各县，征集到了精锐士兵八千余人。这些豪强官吏也被项梁安排到了军中，担任校尉、军侯、司马等军职，大家都对项梁很服气。

　　自此，项梁取代了殷通，成为新的会稽郡守。项梁以郡守的名义派人到下属各县宣布政令，安抚民众，百姓莫敢不从。

侄子项羽被他任命为副将，这一年，项羽才二十四岁。

稳定了后方之后，项梁开始率领着八千起义军向外攻打，不停吸纳楚地各处的起义军。得益于项梁的将门家世，以及先祖在楚国的威名，还有很多起义军主动前来归附于他。随着时间的流逝，项梁麾下起义军的规模不断扩张，已然成为反秦起义军中较为强大的一支势力。

就连后来赫赫有名的刘邦，也以沛县县令的身份加入了项梁的队伍，成为项梁麾下的一员大将。

在听说了陈胜去世的消息之后，项梁把所有在外统兵的别将都召回薛县议事。

而后在范增的提议下，项梁从民间找来了楚怀王熊槐的孙子熊心，拥立他为王，复兴楚国。为了顺应楚国百姓的心意，他们把熊心仍然称作楚怀王（为了方便区分，史书中又称他为"楚后怀王"），让他住在国都盱眙。

项梁则自称"武信君"，率领起义军继续南征北讨。

起初，项梁率领的起义军在对秦作战中多次取得胜利，复国形势一片大好。可后来，项梁因为接连胜利产生了骄傲自大的心理，不顾手下宋义等人的劝谏，轻视秦国的军队，最终被秦国的军队趁着夜色偷袭，大败于定陶，项梁也在这次战役中战死了。

《史记》原典精选

秦二世元年七月，陈涉等起大泽中。其九月，会稽守通谓梁曰："江西皆反，此亦天亡秦之时也。吾闻先即制人，后则为人所制。吾欲发兵，使公及桓楚将①。"是时桓楚亡②在泽中。梁曰："桓楚亡，人莫知其处，独籍知之耳。"梁乃出，诫籍持剑居外待。

——节选自《项羽本纪第七》

【注释】

① 将：带兵。　② 亡：逃亡，避匿。

【译文】

秦二世元年（公元前209年）七月，陈涉等在大泽乡起义。当年九月，会稽郡守殷通对项梁说："大江以西全都造反了，这也是上天要亡秦朝的时候啊。我听说，做事情占先一步就能控制别人，落后一步就要被人控制。我打算起兵反秦，让您和桓楚统领军队。"当时桓楚正逃亡在草泽之中。项梁说："桓楚正在外逃亡，别人都不知道他的去处，只有项籍知道。"于是项梁出去嘱咐项羽持剑在外面等候。

悄悄养士的项梁

项梁为了图谋大事，很早就开始网罗有才能的人，暗中培养自己的势力。传闻，他暗中网罗的奇人异士有九十多人，其中有一个名叫参木的，计谋过人，常常为项梁出谋划策。参木还擅长铸造钱币，他经常假装生病，躲在家里为项梁秘密铸造钱币，供给项梁囤购盔甲、兵器。还有一个力气很大的猛士，能够将树木连根拔起。

09 鸿门宴：早已注定了西楚霸王的结局

人　　物：项伯
别　　称：项缠
生 卒 年：？—公元前192年
出 生 地：下相（今江苏省宿迁市）
历史地位：战国末期楚国名将项燕的族人，项羽的叔父，
　　　　　鸿门宴的关键人物

公元前208年，项梁率领起义军与秦国将领章邯战于定陶，秦军接连失利，后来秦国调集全部兵力增援章邯，大败楚军于定陶，项梁战死。

项梁死后，项羽和刘邦率领着残部准备转战陈留，但陈留也不是那么容易被攻下的，刘邦就和项羽商量说："现在我们的大部队已经被打败，士兵们都很恐慌，不如先向东撤退吧。"项羽只能同意了，于是他们和项梁麾下的另一位大将吕臣一起领兵向东撤退。而后，吕臣驻扎在彭城以东，项羽驻扎在彭城以西，刘邦驻扎在砀县。

巨鹿之困

接着说秦国将领章邯，他在打败了项梁的军队后，就觉得楚地剩余的反叛势力不足为惧。他决定趁着秦军大胜的气势，渡过黄河，把北边赵国一带的起义军也顺势给平定了。

赵国这边的起义军首领是陈胜的旧部张耳、陈馀，他们扶植昔日赵国的宗室成员赵歇为赵王，张耳自称丞相，打着"复兴赵国"的旗号。

章邯率领秦国军队打过来时，他们仓促应战，很快就被打得大败，赵王赵歇、丞相张耳与一众将领都逃入巨鹿城中紧闭城门，不敢出战。

章邯下令让王离、涉间两位将领领兵围困巨鹿城，他自己驻扎在巨鹿城南面，通过修筑的甬道给王离、涉间两军输送粮草。

赵国的将领陈馀在北边收拢了几万士兵，但看着章邯这"围点打援"的架势，也只敢驻扎在巨鹿城北，迟迟不敢来救援。

巨鹿被围困了好几个月，粮食都快吃完了，无奈之下，赵王赵歇派信使突围出去求助于楚怀王及各路诸侯。

楚怀王接到求助后，便任命宋义为上将军，项羽为次将军，范增为末将军，一起去解"巨鹿之困"。

而这就是著名战役"巨鹿之战"的序章。

巨鹿之战是"西楚霸王"项羽一战成名的战役，也是中国历史上著名的以少胜多的战役之一。

看到这里，你是不是会有一个小小的疑问：

前面不是说，楚怀王派去支援赵王的军队是以宋义为上将军，项羽为次将军，范增为末将军吗？那项羽是如何越过宋义，成为援军首领的呢？

事情是这样的：

当楚国援军行进到安阳时，宋义忽然下令让大军就地安营不走了，这一停留就是四十六天。

项羽不明所以，就去劝上将军宋义说："赵王被秦军围困在巨鹿急需救援，我们理应抓紧时间行军，渡过漳河，好与赵军里应外合，这样才能一举打败秦军。"

宋义却对项羽说："你说得不对，我们的目光应该看向蜇牛的牛虻，而不是总想着对付那些小虱子。现在秦军围困赵军，我们只需要坐等他们互相火并，等他们两败俱伤后，我们再去坐收渔翁之利。论冲锋陷阵，我可能不如你；但要说到筹谋划策，你就不如我了。"

项羽不认同他的看法，两人一个急于过河，一个坚持不肯发兵，争论了很久也没有达成一致意见。

宋义见和项羽说不通，干脆在军中下了一道命令："凡是倔强、不听指挥的人，一律斩首！"不仅如此，他还大摆宴席，饮酒作乐，为他即将去齐国做宰相的儿子宋襄送行。

这让项羽十分气愤，他对左右的人说："如今最重要的事就是集中一切力量与秦军作战，可宋将军却荒谬地坚持要等秦军疲惫不堪之后再行动。赵国新建不久还很弱小，秦国那么强大，赵国如何能坚持？一旦赵国被攻破，我们楚国也就危险了。楚怀王将全国的军队集中起来交给宋将军，可他却只想着所谓的谋略，完全不体恤还在寒风中又冷又饿的士兵，整天只顾着他自己那点私情，他是个对国家不忠的人啊。"

左右的人也劝项羽说："这样拖延下去恐怕会耽误大事，将军不如取而代之。"

项羽就趁着参见宋义的时机，一举击杀了宋义，而后他对其他将士们说："宋义勾结齐国，背叛楚国，楚怀王传密令给我，让我处死宋义。"其他人被他的狠厉吓得瑟瑟发抖，没有人提出反对意见。

一切处理妥当之后，项羽才让人将此事传回楚国，楚怀王也没有别的办法，只好顺水推舟让项羽担任上将军，继续率领援军前往巨鹿城。

于是，项羽在将宋义除掉后，取而代之，成为援军的首领。

破釜沉舟

此次作战中，项羽要面对的敌方将领，是击败过自己叔父项梁的秦国大将章邯，还有"战国四大名将"之一王翦的孙子王离。

再看看双方所拥有的兵力，项羽手上只有五万兵马，而参与巨鹿之战的秦国大军有四十万之多，要怎么用这区区五万兵马，战胜秦国的四十万大军呢？项羽心中已经有了计划。

他首先命令部将英布和蒲将军率领两万士兵作为先遣部队渡过漳河，用游击战的形式骚扰秦军，切断秦国军队的粮道。

等英布和蒲将军渡过漳河，取得了一些胜利后，项羽亲自率领剩下的楚国军队渡河，准备与秦军作战。

为了鼓舞将士们的士气和决心，项羽在渡过漳河后下令将他们来时乘坐的船只都凿沉了，将炊具都砸破了，营舍也全部烧毁，将士们每人只携带三天的口粮，轻装上阵。

他对将士们说:"我们已经没有退路了,只能勇往直前,和秦国军队决一死战,只有打败他们,我们才能活着回去。"

项羽的鼓舞和动员,让楚国的士兵们士气高涨,他们一到达巨鹿,就包围了王离的队伍,随后经过多次交战,楚军冲断了秦军运粮的甬道,大破秦军。

秦国的几个将领要么被生擒,要么被杀,要么逃走,包围巨鹿的秦军被项羽的这支军队打得溃不成军,巨鹿之困就这么被项羽解了。

巨鹿之战后,楚国将士的英勇之名也传遍了诸侯。

原来,其他诸侯国在接到赵国求救后也纷纷发兵前来救援,但当他们来到巨鹿城外后,看到人数众多的秦国军队,没人胆敢出战对抗秦军,最后都统一在巨鹿城外安营扎寨,作壁上观。

一直等到项羽率领的楚军与秦军开战后,他们站在高处远远观望,只见楚军在项羽的带领下以一当十,喊杀声响彻天际,各路援军被这场面吓得胆战心惊。

等到项羽击败秦军后,召开大会会见各路诸侯,这些诸侯和将领们一进入楚军的辕门就瑟瑟发抖,最后都跪在地上用膝盖爬行进大帐,与项羽见面时谁也不敢抬头与项羽对视。

项羽一战成名,从此成了诸侯们共同认可的上将军,各路诸侯都听命于他,对他心悦诚服。

坑杀降军

章邯在巨鹿战败后，退至棘原驻扎，与驻扎在漳水南岸的项羽大军形成对峙之势。

然而，还未正式交战，秦军就已经害怕得连连后退了。消息传回咸阳后，胡亥大为恼火，特意派了一名使者到阵前去斥责章邯。

章邯很害怕，就派了手下的长史司马欣回咸阳去向朝廷说明原委，请求指示。然而，宰相赵高却拒绝接见司马欣，将他晾了三天不理不睬。

司马欣猜到朝廷可能已经不信任章邯这位将军了，连忙抄近路赶回到军中，将情况向章邯回禀。

章邯一看自己眼下已经无法抵御项羽的进攻，若是退兵回到咸阳，也没有办法得以善终，思来想去，他决定干脆领着自己手下的二十万残部向项羽投诚。

想法一定，章邯就派人前去面见项羽，表达了自己想要投诚，与项羽缔结盟约的心意。

和谈进展得并不顺利，第一次谈崩后，两军又进行了一波激战，章邯的秦军再次被打得一败涂地。章邯只得派人去找项羽进行第二次和谈，这一次项羽考虑到自己军中粮草不多了，也就同意了章邯的请求。

于是，项羽与章邯约定好了时间，在洹水以南的殷墟见面，签订了盟约。

二人缔结盟约后，章邯还故意在项羽面前哭诉，说了赵高的种种劣行，表明自己绝不会再侍奉秦国了。

项羽就将章邯封为雍王，把他安置在自己的军中；将章邯手下的长史司马欣封为上将军，继续领着章邯的军队在前面给自己开路。

然而秦军虽然投诚了，但他们与楚军的积怨实在太深了。行军的路上，楚军中总有将士找各种各样的机会羞辱投降的秦军，像对待奴隶一样奴役他们。时间久了，秦军将士多有怨言，他们私下里议论说："都怪章将军骗我们投降，我们才会落到今天的地步！万一将来灭不了秦国，诸侯们就会把我们俘虏到东方去，到那时，秦国人一定不会放过我们还在秦国的父母妻儿！"

这些抱怨的话渐渐地传到了项羽的耳朵里，他生怕投降的秦国将士们日后会再次倒戈，下令连夜将投降的二十多万秦军全部坑杀。

咸阳之约

而在巨鹿之战后不久，咸阳城里也发生了一件大事。

公元前207年，也就是秦二世三年，九月，赵高逼迫秦二世胡亥自杀，想自立为帝，但是并没有人支持。不久之后，他重新立胡亥兄长的儿子子婴为君主，并宣告废除秦国的帝制，将子婴的称呼定为秦王。

五天后，一代权臣赵高被他新立的秦王子婴设计诛杀。

同年十月，刘邦率兵攻入函谷关，在位仅四十六天的秦王子婴出城投降，秦朝正式灭亡。

而后不久，项羽也率领着诸侯联军，浩浩荡荡地来到函谷关前。然而当他想要进入函谷关时，发现有一队士兵在守关，拦着项羽大军不让进。

项羽派人一打听，才知道原来刘邦已经率先攻破咸阳城。

项羽顿时气不打一处来。原来呀，为了攻取秦国，楚怀王曾下令让刘邦与项羽兵分两路：项羽和宋义等人率兵前去救援赵国，与秦国军队正面交战；

刘邦则率领另外一支军队，向西攻打秦国，牵制秦国的军队。楚怀王还与项羽、刘邦约定过，无论他们谁先进入咸阳城，谁就可以称关中王。

可眼下，大部分的秦军是项羽解决的，率先进入咸阳城的却是刘邦，项羽自然非常生气。

于是，他下令让当阳君英布率军攻打函谷关，刘邦的守关将士抵挡不住，弃关而逃。

项羽一路长驱直入，到达戏水西岸，四十万大军在新丰县的鸿门安营扎寨。

项伯周旋

此时的刘邦将自己的大部队驻扎在霸上，还未和项羽碰过面。

眼看着项羽来势汹汹，刘邦还没慌，他军中的左司马（主管军中法纪的官吏）曹无伤先慌了。曹无伤急忙叛变投诚，派人给项羽通风报信，说："刘邦想要在关中称王，打算让秦朝的降王子婴给他做丞相，好把秦国的财宝全都据为己有。"

项羽一听，顿时勃然大怒。

项羽的谋士范增也趁机进言说："刘邦这个人，平日里贪财好色，可是我听说他自从踏入了函谷关到现在，对财宝、美色都表现出一副不为所动的样子，由此可见他的野心不小，已经不贪恋这些浅薄的小欲望了。"

范增的言下之意，就是劝项羽要抓住时机，在刘邦羽翼未丰时除掉他。

项羽听罢表示赞同，他直截了当地吩咐说："明天一早就生火做饭，让士兵们吃饱喝足后，我们去收拾刘邦的军队！"

如果按照常规剧情的发展，以项羽当时的兵力，很容易就能除掉刘邦。可是，项羽军中有一个名叫项伯的人，却让事情的发展偏离了常规剧情。

项伯是项羽的叔父，项梁拥立熊心为楚怀王后，项伯也被惠及，当上了楚国左尹（职能相当于左相，楚国称丞相为令尹），此时正随项羽出征。

一听说项羽明早就要去消灭刘邦，项伯有些慌了。因为刘邦身边的谋士张良曾对他有救命之恩，他不能眼睁睁地看着张良跟着刘邦一起遭殃。

于是，他连忙趁着夜色飞马疾驰到刘邦军中，悄悄将此事告知张良，并劝说张良赶紧逃走。

但张良决意不肯抛下刘邦独自逃跑，他转身便进入营帐，将此事又转告给了刘邦。

刘邦听完大惊失色，一时之间不知道该怎么办才好。

张良问刘邦："您当初为何要派兵把守函谷关，不让项羽大军进来呢？"

刘邦连忙懊恼说："都怪我一时糊涂，听信了无知小子的话，以为守住了函谷关，不让别的诸侯进来，我就可以占据秦国的全部地盘，在关中称王了。"

张良气不过，问刘邦："大王您自己估算一下，咱们现在的军队可以敌得过项羽吗？"

刘邦半天不作声，过了好久才小声说："我也知道敌不过，那现在该怎么办才好呢？"

张良思虑过后，说："当务之急，是要让项羽相信，您从来没有过背叛他的想法。"

刘邦连连点头，对张良说："那你快去替我把项伯请进来，我会像对待兄长一样对待他。务必要让他相信我从未有过背叛项羽的想法，进而帮我在项羽面前说情。"

于是，张良就出去将项伯请入刘邦的营帐中。

刘邦一见到项伯，当即放低姿态亲自捧上一杯酒奉给项伯，而后向他敬酒，祝他健康长寿。寒暄过后，刘邦向项伯表达了对他的敬仰之意，想与他结为儿女亲家。项伯见刘邦态度诚恳，乐呵呵地答应了下来。

见关系已经拉近，气氛也铺垫到位了，刘邦连忙剖白内心，表达了自己对项羽的尊敬和畏惧。

刘邦说："其中一定是有什么误会。我自打进入关中以来，一草一木都不敢侵占，一切都清点好了封存进库房，吏民也登记好了户口名册，一心只等着项王入关后接手。我派人把守函谷关，是为了防备有土匪强盗入关，横生变故，怎料守关的士兵有眼不识泰山，连项王的队伍也敢阻拦。我日夜盼望着项王的到来，怎么敢有其他心思呢？还请您回去后为我在项王面前分说一二。"

项伯见他说得诚恳，信以为真，当即答应了下来，并嘱咐他说："我先回去为你周旋，你明天一早务必要早点去，亲自向将军表明忠心。"

刘邦连连答应了下来，千恩万谢地送项伯离开。

项伯回到军营后，将刘邦的话一五一十地转告给了项羽，并劝说道："要不是他刘邦提前守住了关中，我们也不会这么容易地进来。他确实没有私占关中的想法，还一心为我们着想，我们要是打了他，不就太不仗义了吗？"

项羽听着也有道理，答应再考虑考虑。

鸿门设宴

第二天一大早，刘邦就亲自来到鸿门求见项羽，身边只带了百十来个人。

他一见到项羽，立马低声下气地分辩说："这几年来，我一向唯将军马首是瞻，与将军齐心协力攻打秦国，配合默契。至于能率先进入关中，这是连我自己也没料到的事情。我一直在这里等着迎接您的到来。可如今却有小人进谗言，让您对我产生怀疑，我真的不知道还能做些什么了。"

项羽见刘邦说得委屈，连忙辩解说："这都是你的左司马曹无伤挑唆的，不然我又怎么会怀疑你呢？"

而后，项羽将刘邦留下，摆酒设宴，盛情款待他。这场摆在鸿门的宴席，史称"鸿门宴"。

除了项羽和刘邦外，项伯和范增也被请来出席，刘邦的谋士张良跟在他身边陪坐。

范增一看这么好的机会，项羽不仅不想着除掉刘邦，还和他言笑晏晏，宾主尽欢，气得胡子直发抖。他几次向项羽使眼色，又几次拨弄身上佩戴的玉玦，暗示项羽快点对刘邦动手，但项羽都装作没看到。

范增无奈，又不想放过这大好机会，只得寻了个借口走出帐外，准备先斩后奏。他召来项羽的堂兄项庄，对他说："大王为人过于仁慈了！这样吧，你一会儿进去给刘邦敬酒，敬完酒后趁机提出舞剑助兴，而后找个机会杀了他。现在不除掉他，日后我们都将成为他的俘虏！"

项庄连忙称是，就下去准备了。

项庄舞剑

范增安排好后回到席间，不一会儿，项庄也进入帐中，依照范增的计划行事。谁知他刚向项羽禀明了舞剑助兴的请求，项伯就看透了他的意图，也跟着站起来拔剑起舞。

项庄几次想舞到刘邦近前，找个机会刺杀他，都被项伯以自己的身体做掩护，使项庄没法得手。

张良一看这情况，连忙找了个借口出大帐，到军营门口找樊哙。

樊哙是刘邦自沛县老家起兵时就一直跟在他身边的勇士，陪着刘邦一路闯天下，将刘邦的性命看得比自己的还重要，也因此深得刘邦的信任。

樊哙一见到张良，赶紧迎上前去打听情况："里边的情形如何了？"

张良忍不住叹气说："危险极了！项庄正在舞剑，他的意图很明显，就是针对我们沛公的。"

樊哙一听急了，二话不说就要冲进去保护刘邦。

他左手拿着剑，右手拿着盾牌，冲到军营门前，守卫的士兵们拦住他不让他进去，樊哙举起盾牌一下子就将卫兵们撞倒在地，快步走进大帐中。

项羽看见忽然闯进来一个头发向上竖、眼睑全张开的壮士，吓了一跳，他按剑跪坐问樊哙："你是什么人？"

张良赶紧在一边介绍说："这是沛公的随车警卫樊哙。"

项羽称赞说："这体格是一条好汉！"说罢，便命人赏了樊哙一大斗酒和一个大猪腿。

樊哙接过酒来一饮而尽，然后拔出身上的佩剑来切肉吃。这猪腿明明是下人为了刁难他抬上来的生肉，樊哙却吃得面不改色，项羽见状也不由得连声夸赞，又问他："壮士！还能喝酒吗？"

樊哙毫无惧意，回答说："我连死都不怕，一杯酒有什么可推辞的？"

他一边大口吃肉大口喝酒，一边开口自言自语："想当初，秦王像虎狼一样，杀人唯恐不能赶尽杀绝，处罚唯恐不能用尽酷刑，结果天下人纷纷起来造他的反。一年前，楚怀王挥师讨伐时曾和诸位将领约定：先打败秦军进入咸阳的人，就可以在关中称王。现在沛公先打败秦军进入咸阳，却一点儿东西都不敢占有。封存了宫室，清点好户籍后，就将军队退回到霸上驻扎，恭敬地等待大王您的到来。像沛公这样劳苦功高的人，不仅没有得到您的奖赏，还要因为小人的谗言差点被您杀害。您这完全是在重复走秦朝的老路啊！我认为大王的做法不可取。"

项羽被他说得无言以对，只好请他入座。樊哙就走到刘邦身侧，挨着张良坐下。

又过了一会儿，刘邦借口要上厕所出了大帐，带着樊哙一起从小道偷偷离开了鸿门。

路上刘邦还在犹豫："我们就这样不辞而别合适吗？会不会激怒项羽？"

樊哙大大咧咧地说："管那么多呢！要成就大事，就不要总是拘泥于那些小细节；讲大礼，就不要害怕那些琐碎的指责。现在人家是菜刀、砧板，我们是砧板上待宰的鱼肉，还讲究什么告辞这种周全的礼数？"

刘邦听罢不再犹豫，他将来时带来的人马全部抛下，自己骑着一匹快马全力奔逃回霸上。樊哙等四人手持剑盾，小跑着跟在他身后随时准备应对突发状况；张良则被留下来善后，他代刘邦奉上一双白璧献给项羽，一双玉斗献给范增。

项羽收了白璧后，将它们放在了座位上，问张良："沛公现在在哪？"

张良回答说："沛公不胜酒力，害怕在您面前失了仪态，已经提前回营了。这会儿估计已经到霸上了。"

范增听罢，气愤地将玉斗扔在地上，拔出剑来把玉斗砍得粉碎。

回去后，范增越想越气，感叹说："唉！多好的机会啊，就这么错过了！项羽这小子不能成大事啊！最终夺取天下的人一定是刘邦，我们都要变成他的俘虏了!"

且不说项羽会不会后悔,也不管范增如何气愤,逃过一劫回到霸上军营的刘邦,做的第一件事就是把左司马曹无伤处死了,可谓是又狠辣又果断。

一场鸿门宴,从项羽、刘邦二人的处事细节来看,成败早已注定。

《史记》原典精选

庄则入为寿。寿毕,曰:"君王与沛公饮,军中无以为乐,请以剑舞。"项王曰:"诺。"项庄拔剑起舞,项伯亦拔剑起舞,常以身翼蔽①沛公,庄不得击。

——节选自《项羽本纪第七》

【注释】

❶翼蔽:遮蔽,掩护。"翼",像鸟张开翅膀一样遮盖,保护。

【译文】

项庄进来,上前献酒祝寿。祝酒完毕,对项王说:"君王和沛公饮酒,军营中没有什么可以娱乐的,就让我来舞剑助兴吧。"项王说:"好。"项庄就拔剑起舞,项伯也拔剑起舞,常常用身体掩护沛公,项庄没有办法刺击沛公。

力大如牛的项羽

根据《史记》中的记载,项羽身高八尺多,秦朝时期的一尺约等于今天的23.1厘米,那八尺就相当于今天的1.84米以上。

项羽的力气还很大,超乎常人。他的力气究竟有多大呢?他可以用双手举起大鼎,这力量足以让人瞠目结舌。"举鼎"的技能,结合项羽在《垓下歌》中"力拔山兮气盖世"的自白,就构成了"拔山举鼎"这个成语典故。拔山举鼎常用来形容一个人的力气很大。

10 自刎乌江：是英雄的傲气，还是末路的选择

人　　物：项羽
别　　称：项王、西楚霸王
生 卒 年：公元前232年—公元前202年
出 生 地：下相（今江苏省宿迁市）
历史地位：楚国名将项燕的孙子，随叔父项梁起兵会稽，项梁去世后接任起义军将领

人物小传

鸿门宴过后，项羽率领军队进入咸阳城。

他毫不留情地处死了已经投降的秦王子婴，并将咸阳城的财宝搜刮一空，然后在富丽奢华的秦朝宫殿里放了一把大火，那场大火燃烧了足足三个月，将秦朝的宫殿全都烧毁了。

唐代诗人杜牧曾在《阿房宫赋》中这样描述那一幕："楚人一炬，可怜焦土。"

秦人也被项羽的所作所为吓破了胆子，没有人敢反抗他。

秦国亡国后，项羽派人送信给楚怀王熊心，希望他可以封自己为关中王。然而，楚怀王很快便让人送来回信，信中只有两个字：如约。

也就是要按照之前约定的那样，封先入咸阳城的人为关中王。这等于是直接拒绝了项羽的请求。

项羽接到回信后，十分气恼，又想起楚怀王之前还想夺取自己手里的兵权，强硬地将宋义安插在自己职位之上，于是不愿意继续听命于楚怀王。

项羽称王

有了自立为王的想法后，项羽就准备带着他搜刮来的财宝和美人撤离咸阳回老家了。

当时，有人曾向他提议说："大王，您何必要离开咸阳呢？关中可是一块宝地啊！这里四面有群山、大河作为屏障，关塞易守难攻，土地肥沃富饶，如果在这里定都，一定可以称霸天下！"

可项羽看了看已经被自己一把大火烧成废墟的秦宫，又想起自己离开家乡太久了，思乡情切，便打算赶紧回家乡，把都城也建在家乡附近。

他一口回绝了提议的这个人，说："人富贵了却不回故乡，就好像是穿着华丽的衣服在夜里行走，谁能看得见呢！"

而后，项羽率领众人回到家乡，准备自立为王，都城就定在彭城（今江苏省徐州市）。

定都的事情有头绪后，项羽需要考虑的事情就是分封天下、犒劳众人了。他打算将跟着他一起反秦的各路将领都封王赐爵，论功行赏。

他说："当初大家起兵反秦时，都曾立了一些六国诸侯的后代作为幌子，但真正冲锋陷阵、推翻秦朝的还是诸位和我。如今大势已定，大家论功行赏，也不必屈居于那些手无寸功的人之下了。"

各路将领都欢欢喜喜地答应了。

项羽又说:"楚怀王是我项家拥立的,虽然没有什么具体功劳,但也理应给予尊重,就分给他一块土地,让他做个小王侯吧。"

于是,项羽尊楚怀王为义帝,让他迁徙到长沙郡的郴县去居住。其他跟着项羽一起抗秦的将领,也都论功行赏,分封土地和爵位。

其中,有一个让项羽觉得很头疼的人,那就是沛公刘邦。

项羽和亚父范增都曾怀疑过刘邦有夺取天下的野心,这份怀疑直到现在也没有完全消除,项羽私心里是不想给刘邦分封的。但眼下,天下人都看着他如何对待这些曾经和他一起打拼的功臣,项羽也不好做得太过分,只好忍住心中的不快给刘邦分封。

但他又实在担心刘邦得到好的封地后积蓄力量,威胁到自己,在和范增等人反复商量后,他决定将巴、蜀、汉中三个郡分封给刘邦,让他做汉王。

这三个郡中,巴、蜀两地人口稀少、道路艰险,是过去秦朝流放有罪之人的偏远地方;只有汉中勉强算是富庶之地,这还是张良用厚礼贿赂项伯后,项伯百般说情,项羽才同意给的。

但他又在汉中的外围加了"三把大锁":项羽将章邯、司马欣、董翳三位秦国降将封在真正富庶的关中平原,分别封为雍王、塞王、翟王,堵住刘邦从巴、蜀、汉中向外联系的道路,使刘邦困在封地出不来。

原来以大梁附近为领地的魏王豹被项羽封为西魏王,申阳被封为河南王,赵王歇被封为代王,张耳被封为常山王,当阳君英布被封为九江王……

分封完这些人后,项羽本人自封为"西楚霸王",统辖黄河及长江下游的九个郡,位置大概是战国时期梁国和楚国的大部分地区。

火烧栈道

刘邦被分封后,心里也有不满,但他自知以自己现在的兵力完全斗不过项羽,只好忍气吞声地接受了"汉王"的封号,老老实实地带人前去自己的封地。

刘邦前往封地的都城南郑(今陕西省汉中市南郑区)之前,项羽下令让他只可以带走三万士兵。要知道,刘邦驻扎霸上时,手下的士兵就有十万多人,这剩下的士兵全都被项羽扣下了。

但刘邦名声在外,诸侯军中有不少将士都对刘邦仰慕已久,自愿追随刘邦一起到南郑去的不在少数,就连项羽军中也不例外。

刘邦就带着这些人马朝着南郑进发,这一路上穿山越水,有许多修建在悬崖峭壁上的木栈道。谋士张良就对刘邦建议说:"不如咱们每通过一处,就将栈道烧毁吧。这样既可以避免其他诸侯通过栈道打进来,也可以制造出无意出去与项王争天下的假象,让项王安心。"

刘邦觉得他说得很有道理,于是照做了。他们走一路,烧一路,消息传回到项羽耳朵里,项羽果然对他们放心多了。

项羽在诸侯们都出发前往封地后,自己也动身前往都城彭城。这个时候,义帝熊心还赖在彭城没有离开,项羽就派使者去催促义帝赶紧搬到郴县去,给自己腾地方。

熊心无奈,只得一步三回头地离开,但他手下的那些大臣们却留恋故土,不肯好好配合,抱怨的话说了一箩筐,其中不乏对项羽不敬的言辞。

项羽麾下的群臣也开始对他有意见了,总觉得项羽对义帝缺少敬重,还有

人选择了离开项羽。

这让项羽十分生气,他暗中命令义帝途经之地的三王——九江王英布、衡山王吴芮、临江王共敖找个机会袭击义帝,将义帝杀死在途中。

天下没有不透风的墙,这件事传出去后,天下人都开始指责项羽不义,骂他大逆不道。

而后,项羽和其他诸侯也矛盾不断。项羽在分封诸侯时,因为和田氏齐国的后裔田荣有私怨,就故意越过田荣册封了齐国的将领田都为齐王,田荣心中不服,干脆杀死了项羽派来的田都,自立为齐王,而后发布檄文开始造项羽的反。

一石激起千层浪,之前在分封中对封地和爵位不满意的其他将领也纷纷起兵造反。

项羽非常生气,亲自率兵前去讨伐,但他一时之间有点分身乏术。

暗度陈仓

消息传到汉中,刘邦也坐不住了。

他们去南郑的一路上,走得很不顺利。道路不好走也就算了,士兵们还怨声载道。队伍中多是从东边跟过来的士兵,日夜思念着故土,有很多人走在半路上就偷溜折返回去了,留下来的人也常常用浓重的乡音说话、唱歌,士气十分低迷。将领和士兵都忍不住开小差,再这样继续下去,队伍里就要没人了。

韩信连忙找到刘邦说:"项羽分封有功的将领,却单单将您分到偏远的南郑来,这简直就是发配呀,难道您就真的认命了吗?如今将士们日夜期盼着回家,如果能趁着他们情绪高涨时打回去,一定可以成功;要是等日后到了南郑安定下来,这股劲头就散了,您要再想打出去可就难了。"

一直沉默的刘邦不准备忍了,此时不反,更待何时?

但刘邦自知人少是硬伤,所以他反得很有策略。这年八月,刘邦采用了韩信的计谋,明面上派出了数百名士兵大张旗鼓地前去修复当初被他烧毁的栈道,装出要通过栈道出汉中入关中的样子。

刘邦修栈道的事很快就传到了驻守关中的雍王章邯那里,他十分不屑地说:"当初刘邦自己烧了栈道,结果反而断了自己出来的路。他现在只派了几百人去修,那还不得修到猴年马月去呀!"

这么想着,章邯就放松了对刘邦的警惕。

但实际上,刘邦并没有想从明面上修的栈道走,暗地里进攻陈仓才是他的真正目的。他派韩信率领大部队从陈仓故道偷偷出来,火速攻下了陈仓城。章邯得知陈仓失守后,大惊失色,匆忙领兵前去营救,双方在陈仓附近展开激烈交战。章邯被从天而降的刘邦大军打了个措手不及,连连败退,最后只得逃到废丘去。

这就是史上著名的"明修栈道,暗度陈仓"事件。

刘邦很快便占领了章邯管辖的雍地大部分地区,他一方面派人包围了章邯所在的废丘,另一方面又派人继续西出、北上抢地盘。汉军势如破竹,将陇西、北地、上郡等地收入囊中,东路的前锋继续前进,直抵咸阳。

公元前205年,章邯自杀,司马欣和董翳选择了归降汉王刘邦,三秦被平定。

刘邦平定三秦之战的胜利,奠定了日后东进的基础,也正式拉开了楚汉争霸的序幕。

楚汉争霸

项羽听闻刘邦从汉中杀出来，平定了三秦，占领了关中平原的全部地盘，不禁大怒，他立刻调集军队前去拦截刘邦大军。

刘邦担心项羽集中力量围剿自己，就采用了谋士张良的计策，再次迷惑项羽。张良派人给项羽送去了一封信，信中说：汉王之所以带兵杀出来，是因为当初没有得到他应得的关中之地，汉王只求能实现当初怀王的约定就满足了，没有东进和您争锋的想法。

和这封信一起送到项羽眼前的还有齐、赵两地叛军的檄文。

项羽一看，顿时火冒三丈，觉得自己的首要任务就是集中力量北上平定齐、赵两地的叛乱。他自己被牵制在齐国脱不开身，也就给了刘邦发展壮大的机会。

公元前205年春天，楚汉争霸正式开始。刘邦集结了反对项羽的各路联军共五十六万人，东进伐楚，项羽听到消息后连忙将齐国战场交给其他将领，自己领着三万精兵星夜兼程赶回楚国。刘邦和项羽的大军在彭城展开交战，刘邦大败，父亲和妻子都被项羽抓走了。

此后，刘邦收拢散兵继续与项羽作战，汉王刘邦和西楚霸王项羽两大军事集团为争夺地盘展开了数次大战，各有胜负。

刘邦大军驻扎在荥阳的时候，从屯粮重地敖仓专门修了一条运粮甬道，直达黄河南岸的驻地，就这样与项羽相持了一年多。

项羽在公元前204年一连几次出兵攻击汉军的甬道，导致汉军粮草时常供应不上，陷入项羽的包围之中。刘邦害怕了，就向项羽提出讲和。议和的条件是荥阳以东的地盘归项羽，荥阳以西的地盘归刘邦。

项羽有点想同意，可范增却劝他说："现在的汉军还算好对付，若现在放过了他们，等他们缓过劲来，日后肯定会后悔的。"

项羽想了想前几次对刘邦心软的后果，果断听取了范增的意见，下令加紧对荥阳进攻。

刘邦很伤脑筋，陈平就为他献上了一出反间计，离间项羽与范增的关系。项羽果然中计，开始怀疑范增，削减了范增的权力，范增气不过，直接告老还乡，后来病死在了回乡的路上。

项羽失去了范增，就好像失去了一条臂膀，刘邦很快从荥阳之困中脱身。

刘邦逃回关中后也不气馁，很快便招兵买马卷土重来。

他接受袁生的建议，从南边的武关出关，到宛城、叶县一带，将项羽引到南边作战；派人去说服九江王英布背叛项羽，和他一起进入成皋与项羽作战；北边则派了韩信北上，联合燕、齐一起攻打项羽。汉军分多线作战，目的就是分散项羽的兵力。

这时候，彭越也出来捣乱，率兵渡过黄河，攻击楚国的东阿，项羽不得不引兵东去还击彭越，一时之间有点疲于应对。等项羽稳定了东边的形势，再次挥军西进时，才发现刘邦已经占领了成皋，将大军驻扎在广武山。项羽只能在荥阳城北与刘邦隔着广武涧对峙了。

对峙的时间一长，项羽手下的士兵们就有点受不了了，青壮年常年当兵打仗，老弱的人也要忙着给大军运送物资，大家都很疲惫，怨声一片。项羽觉得，再对峙下去就对自己很不利了，于是他隔着广武涧向对面的刘邦喊话，约刘邦出来单挑一决胜负。

项羽的孔武有力举世皆知，刘邦哪敢和他单挑呀，笑着拒绝了，还当面细数了项羽的十条罪状，最后总结道："我是讨伐你的正义之师，你凭什么向我单独挑战！"

项羽非常生气，让预先埋伏的弓箭手朝着刘邦放箭，刘邦被一箭射中胸口，慌忙逃回自己的军营中继续避战。

在刘邦养伤期间，韩信在北边自立为齐王，还全灭了项羽派过去的龙且大军。与此同时，在项羽后方的梁王彭越也杀了出来，连续在大梁一带骚扰楚军的粮草补给线，让项羽很是头疼。

他安排大司马曹咎守在成皋，自己亲自带人去对付彭越，临行前他反复叮嘱曹咎说："你们只需要好好守住成皋，别让刘邦东进就行了，我定在十五日内消灭彭越，而后立即回来。在此期间，不管汉军如何挑衅，你们都不要理他们。"

谁承想，他还在大梁一带稳定局势呢，就听说曹咎被刘邦激怒，引兵渡过汜水与汉军交战，还不争气地大败了，只能马上带兵回援。

这时候，楚汉局势实现了反转，汉军人多粮足，楚军兵疲粮尽，刘邦就趁机派人去找项羽和谈，让他放了自己的家属，与自己以鸿沟为界平分天下。

鸿沟之盟

项羽思虑再三，终于答应了刘邦的提议，和刘邦签订"鸿沟和约"：双方以战国时期魏国所修建的运河鸿沟为界，鸿沟以西的地盘归刘邦，鸿沟以东的地盘属项羽。

签订好和约后，项羽将刘邦的父亲、妻子都放了回去，而后带着大军撤离前线，准备回自己东方的领地了。

刘邦也准备撤军西行，然而，张良和陈平此时却建议刘邦撕毁和约，趁着项羽大军放松警惕往回撤的时候出其不意地发动偷袭。他们说："我们已经占据了天下大半，许多诸侯都倾向于我们。反观项羽，已经兵疲粮尽，此时正是一举歼灭他的好时机。如若现在错过不打，等他回到江东，那可就是养虎为患了。"

刘邦采纳了他们的建议，和韩信、彭越约定好时间一起出兵攻打项羽。

第一次围攻项羽的时候，韩信和彭越都失信不来，只有刘邦单独出战，被项羽打得大败。刘邦只好逃回营垒，深挖沟堑，躲在里面防守。

刘邦气愤不已，张良建议他承诺事成之后给韩信、彭越封地，以利益诱使他们参战。刘邦果断同意了，有了封地的许诺，韩信和彭越立马挥师进军，其他诸侯见有利可图也纷纷见风使舵集结而来，几路人军先后会师于垓（gāi）下，直逼项羽大营，垓下之战正式开始。

垓下之围

公元前 202 年，刘邦和诸侯的军队会合在一起，将项羽大军层层围住，困在垓下。

项羽虽然在垓下修筑了营垒，但兵力少，粮草也快没有了，根本不敢出战。

刘邦见项羽坚守不出，就搞起了心理战。

某一天深夜，项羽都已经睡下了，忽然听到四面围着他们的汉军都在高唱着楚地的民歌，项羽吃惊地坐起来，说："难道汉军已经将楚国的领土都占领了？要不然他们军中为什么会有这么多楚人呢？"

这么想着，项羽的斗志就有些散了。睡是睡不着了，他披着衣服起来，在帐中饮酒浇愁。

项羽的身边时常跟着一个名叫虞姬的女子，颇受他的宠爱；还有一匹名叫骓的骏马，一直跟着他出生入死，感情很深。项羽看着这凄凉的局面，又想起心爱的女子和战马，不由得感慨万分，他悲声高唱道："力拔山兮气盖世，时不利兮骓不逝。骓不逝兮可奈何，虞兮虞兮奈若何！"

他一连唱了好几遍，唱着唱着就泪流满面，虞姬和他左右的将士们都泪流不止。

悲伤过后，项羽又重新振作起来，他说："也不能在这四面楚歌之地等死啊，我们突围出去吧。"左右纷纷赞成。

于是，项羽骑上马，带着手下精兵八百多人，趁着夜色突破重重包围，向南方飞奔而去。天快亮的时候，刘邦才发现项羽已经突围，马上派灌婴率领五千名骑兵追击项羽。项羽一路跑得艰难又狼狈，等他渡过淮河后，身边的部下只剩下一百来人了。

项羽逃到阴陵县的时候还迷了路，他向路边的一个农夫问路，那人欺骗了他，将他骗去了大沼泽地中。这一耽搁，就被后面的灌婴追了上来，等项羽脱困逃到东城时，身边的部下只剩下二十多个人。

而刘邦派来的追兵足有好几千人，在敌众我寡的情势下，项羽估计自己这回怕是无法脱险了。他环顾了一下身边仅剩的部下们，感慨地说："自我起兵到现在已经八年了，我经历过七十多场大战，所向披靡，遂称霸天下。如今被困在这里，不是我不会打仗，而是天要亡我。今天的决战在所难免，我定要与诸位一起痛痛快快地再战一场，让世人看看我会不会打仗……"

他的部下们高声应和，而后分成四组冲向汉军。人群之中的项羽依然勇猛无比，吓得汉军纷纷倒退。

自刎乌江

项羽就这么且战且走，最后一行人来到了乌江江畔。

乌江的亭长已经撑着船在岸边等待多时，一见到项羽忙劝他赶紧上船渡江，他说："这里只有我这一条船，汉军追过来也无法渡河，您只要上船就安全了。江东虽小，可也还有数千里的地盘，几十万的百姓，足够您称王，以图日后东山再起。"

项羽却凄凉一笑拒绝了，他说："既然是上天要我灭亡，我就算渡过了乌江又能怎样呢！想当初我渡江向西进军时，带走了江东八千子弟，如今却没有一个能活着回去。即使江东的父老乡亲可怜我，还拥戴我在那里称王，可我又有什么脸面回去见他们呢？就算他们不说什么，我自己难道心里不愧疚吗？"

说罢，他将自己的坐骑托付给亭长，让他载着乌骓先离开。

而后，他手持兵器与追上来的汉军继续作战，一个人就杀死了汉军好几百人，最后自刎而死。

后世的文人骚客对他"自刎乌江"一事多有遗憾，作了许多诗篇和文章来表达对他悲壮事迹的赞赏和惋惜。宋代词人李清照在《夏日绝句》中说："生当作人杰，死亦为鬼雄。至今思项羽，不肯过江东。"至今读来仍让人唏嘘不已。

《史记》原典精选

乌江亭长檥^①船待，谓项王曰："江东虽小，地方千里，众数十万人，亦足王也。愿大王急渡。今独臣有船，汉军至，无以渡。"项王笑曰："天之亡我，我何渡为^②！且籍与江东子弟八千人渡江而西，今无一人还。纵江东父兄怜而王我，我何面目见之？纵彼不言，籍独不愧于心乎？"

——节选自《项羽本纪第七》

【注释】

❶ 檥：停船靠岸。　❷ 何渡为：还渡江干什么。

【译文】

乌江亭长正停船靠岸等在那里，对项王说："江东虽然小，但土地纵横各有一千里，民众有几十万，也足够称王啦。希望大王快快渡江。现在只有我这一条船，汉军到了，没法渡过去。"项王笑了笑说："上天要灭亡我，我还渡乌江干什么！再说我带着江东子弟八千人渡江西征，如今没有一个人回来，纵使江东父老兄弟怜爱我让我做王，我又有什么脸面去见他们？纵使他们不说什么，我项籍难道心中没有愧吗？"

霸王别姬

相传，项羽《垓下歌》中提到的虞姬容颜倾城、才艺过人，有"虞美人"之称。史书中对虞姬的记载很少，《史记》中对她的记载也只有一句："有美人名虞。"有人推测说，"虞"是她的名；又有人推测说，"虞"应该是她的姓。

和她的姓名同样成谜的，还有她的最终结局。后人根据《垓下歌》以及据说是虞姬所作的《和垓下歌》推测，她或许是在项羽高唱《垓下歌》时，拔剑起舞，以歌和之，歌舞罢自刎而死。再后来经过艺术加工，就有了"霸王别姬"的民间传说故事。

叁　布衣提剑取天下
——刘邦创汉，郡国并行

11 刘邦称帝：半推半就登宝座

人　　物：刘邦
别　　称：刘季、沛公、汉高祖
生 卒 年：公元前256年（或公元前247年）
　　　　　—公元前195年
出 生 地：沛县丰邑（今江苏省徐州市丰县）
历史地位：汉朝的开国皇帝，中国历史上杰出的政治家、
　　　　　战略家和军事指挥家

人物小传

　　项羽死后，楚地尽归于汉。因为项羽曾被怀王封为鲁公，所以刘邦就下令以鲁公的名号将项羽安葬在谷城，还亲自去项羽墓前痛哭哀悼。

　　随后，他转道定陶，突然闯入韩信的军中，收夺了韩信的兵权。

　　解决完心头大患，就该考虑登基为帝的事情了。

刘邦称帝

　　公元前202年，正月，各路诸侯与刘邦麾下的群臣一起请求刘邦即位为皇帝。

　　刘邦先是谦虚推辞说："我听说只有贤德的人才配称皇帝，我的德行还不够，不敢坐这个位置！"

群臣继续坚持说："您出身布衣，带领我们讨伐了暴虐的秦朝，平定了动乱的天下，将土地分封给有功劳的人，让他们成为王侯。如果您今天不做皇帝，那他们对您的封赏岂能相信？这会让他们心生不安，天下重回动乱。所以，恳我们冒死请求您登基称帝！"

刘邦又多次谦虚推辞，群臣也一再坚持，最终刘邦推辞不掉，只好说："既然你们坚持认为我做皇帝是对国家有益处的，那么我就如你们所愿吧。"

于是，在三月初三那一天，刘邦在氾（fán）水北岸的定陶（今山东省菏泽市定陶区）举行登基大典，即位称帝，定国号为汉。

刘邦也就是汉高祖，王后吕雉改称皇后，太子刘盈改称皇太子。

刘邦建国称帝时，国家尚未完全平定，为重建战后的新秩序及安抚功臣，他在全国范围内采取郡国并行制，分封了七个异姓功臣为诸侯王。

其中，刘邦封彭越为

梁王，以定陶为都城；封原来的韩王信为韩王，以阳翟为都城；淮南王英布、燕王臧荼、赵王张敖的王号都依旧不变。

因为昔日吴芮做番县县令时曾派他手下的将领梅铒为刘邦作战有功，自己又同刘邦一道打进了武关，刘邦特别感激吴芮，所以就改封衡山王吴芮为长沙王，以临湘为都城。

而刘邦颇为忌惮的齐王韩信，就以"义帝楚怀王没有后代，而齐王韩信熟悉楚地的风俗"为由，将韩信改封为楚王，以下邳为都城。

南宫宴群臣

刘邦称帝后，各路诸侯都向刘邦称臣，只有临江王共尉仍旧忠于项羽。刘邦暂时居住在洛阳，派卢绾、刘贾率兵前去平定临江王共尉的叛乱。这场平叛一直持续了几个月才结束，共尉被刘邦在洛阳处死。

这一年的五月，刘邦让各路兵马都解散回家。

刘邦下令各路诸侯的儿子，凡在关中一直护卫太子的，一律免除徭役十二年；曾经护卫过后来离开关中的，免除徭役六年，此外国家还出钱供应他们一年的吃喝。

有一天，刘邦在南宫摆酒宴请文武百官。

酒过三巡，刘邦问群臣："各位诸侯和将士们都来说说真心话，不要欺瞒我。你们觉得我能夺得天下的原因是什么？而项羽又为什么丢了天下呢？"

立马就有人站起来回答说："陛下您能夺得天下，是因为您对待与您一起攻城拔寨、夺取天下的人毫不吝啬，这是和天下人分享利益；而项羽却是个嫉妒贤能的人，谁有功劳他就加害谁，谁有贤能他就怀疑谁，打了胜仗他也不肯给予奖励,这就是他失掉天下的原因。"

刘邦哈哈大笑后接着说:"你们只知其一,不知其二。要论运筹帷幄之中,决胜千里之外,我比不上张良;要论镇守后方,管理国家,安抚百姓,保证前线物资和粮食的供应,我不如萧何;要论统领百万大军,攻无不克,战无不胜,我又比不上韩信。这三个人都是人中豪杰,但我却能够得到他们并且重用他们,这才是我能够得到天下的原因。至于项羽,他只有一个谋士范增,还不能完全信任范增,这就是他被我打败的原因啊。"

众人纷纷称是。

在洛阳暂居一段时间后,刘邦原本想就此定都在洛阳,可后来有一个叫娄

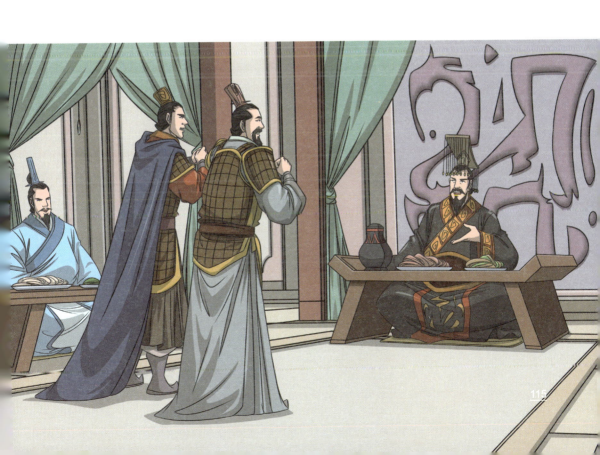

敬的戍卒却劝他定都关中，理由是关中易守难攻，再加上张良也这么说，刘邦很快就决定将都城迁到关中去。他先是将都城搬迁到关中的栎阳城，等长安城初步建成后正式定都长安（今陕西西安），取长治久安之意。

这年六月，刘邦宣布大赦天下。

因为刘邦定都长安，所以历史上称他建立的汉朝为"西汉"，称汉光武帝刘秀之后的汉朝为"东汉"，东汉的都城在洛阳。

《史记》原典精选

正月①，诸侯及将相相与共请尊汉王为皇帝。汉王曰："吾闻帝贤者有也，空言虚语，非所守也，吾不敢当帝位。"群臣皆曰："大王起微细②，诛暴逆，平定四海，有功者辄裂地而封为王侯。大王不尊号，皆疑不信。臣等以死守③之。"

——节选自《高祖本纪第八》

【注释】

❶ 正月：当时用秦历，以建亥之月（阴历十月）为岁首，这里正月是汉五年的第四个月。

❷ 微细：微贱、卑微，指平民。 ❸ 守：这里是坚持的意思。

【译文】

正月，诸侯及将相们共同尊请汉王为皇帝。汉王说："我听说皇帝的尊号，贤能的人才能据有，空言虚语，不是我所要的，我可承担不了皇帝的尊号。"大臣们都说："大王从平民起事，诛伐暴逆，平定四海，有功的人分赏土地封为王侯，如果大王不称皇帝尊号，人们对大王的封赏就都不会相信。我们这班人愿意以死坚持。"

刘邦斩蛇

看历史故事时你会发现，但凡王侯将相，身上总有一些"异象"。这些带有神话色彩的"异象"，通常都是用来造势的舆论，许多都经不起推敲，当成小故事来看即可。

汉高祖刘邦身上就有这么一件趣事：他在任泗水亭长时，需要押解一批犯人到骊山修陵。途中有不少犯人逃跑了，因为当时犯人逃脱是重罪，押解的人也要跟着被惩罚，刘邦索性自己带着剩下的囚犯一起逃走，举行起义。谁知在逃亡的路上，竟然有一条大白蛇挡住了他们的去路。刘邦一怒之下，举起手中的剑，就把那条大白蛇给斩成两段。

就在这时，一个老妇人哭哭啼啼地走出来，说："我的儿子是白帝之子，却被赤帝之子给杀死了。"说完这句话便消失不见了。

众人都开始高呼刘邦为"赤帝之子"，称刘邦带领的起义为"斩蛇起义"。因为秦始皇的先祖秦襄公曾说自己是白帝的后裔，众人都觉得这个神迹就是上天在告诉大家，刘邦就是被上天认可的取代秦朝的天命之子。

这也就是所谓的"刘邦斩蛇"的故事。

12 留侯张良："操盘大师"张良的传奇一生

人　　物：张良
别　　称：子房、留文成侯
生 卒 年：？—公元前186年
出 生 地：颍川城父（今河南郏县）或沛郡（今安徽亳州）
历史地位：秦末汉初的杰出谋臣，汉朝的开国功臣，与韩信、萧何并称为"汉初三杰"

人物小传

张良凭着出色的谋略，被刘邦赞誉为"运筹帷幄之中，决胜千里之外"，是辅助刘邦赢得楚汉之争、开创汉室的大功臣。

刘邦在称帝后，将韩信、彭越、英布等武将功臣都分封为诸侯王，那么，此前存在感十足的谋士张良又如何了呢？

本篇，我们就来讲一讲"操盘大师"张良的传奇一生。

博浪沙刺杀行动

张良的祖上是韩国人。他的祖父和父亲曾在韩国相继做过五朝的相国，位高权重。

到了张良这代，韩国却发生了变故，被秦国所灭。

那时候的张良年岁还小，还没有赶上在韩国朝中谋上一官半职，就先遭遇了国破家亡的坎坷，于是他当时想做的事情只有一件：反秦。

韩国灭亡时，张良的家里还很富有，有奴仆三百多人，但张良却将日子过得很节俭，就连他的弟弟去世时，葬礼也办得不隆重，因为他想用全部家财来寻求刺客，准备刺杀秦始皇，为韩国报仇。

张良曾到淮阳学过礼，又到辽东拜访过仓海君。在辽东时，他找到了一个大力士，这个大力士可以舞起一个重达一百二十斤的大铁锤。

制订好刺杀行动的计划后，张良趁着某次秦始皇到东方巡视的机会，叫来这名大力士，一起埋伏在博浪沙，准备用大铁锤袭击秦始皇的座驾。

然而，张良却没有预料到，秦始皇早就在层出不穷的刺杀事件中变得愈

发谨慎，他巡游途中会经常更换马车座驾，打头的车里不一定坐着秦始皇。

于是，大力士一锤下去，击中了一辆空车，秦始皇毫发无伤。

刺杀行动失败后，张良也暴露了。秦始皇大怒，下令全城搜查，一定要捉到这个刺客。张良只好改名换姓，一路逃到下邳躲了起来。

圯（yí）桥进履

在下邳安顿下来后，张良也没有找到什么事情做。

有一次，他闲来无事散步到一座桥的附近，遇到了一个老翁。

老翁身穿粗布短衣，优哉游哉地坐在桥上，看见张良经过自己身边时，故意将自己的一只鞋丢下了桥，而后无礼地吆喝张良说："嘿！那个小伙子，替我下去把鞋捡回来！"

张良大为震惊，都有些生气了。然而，一看到这位老翁年岁很大，他只好忍着怒火替他捡回来鞋子。

谁承想，捡回鞋子后，老翁理所当然地一抬脚，说："给我把鞋子穿上吧。"

张良心想，捡都捡回来了，那就给他穿上吧，于是跪下身去替老翁穿好鞋子。

老翁等张良给他穿完鞋后，非但不道谢，反而仰天长笑而去。张良再次震惊，呆呆地站在桥上目送着老翁离去的背影出了神。

那老翁走出去一里多地，又折返回来，笑着对张良说："孺子可教也！我愿意栽培栽培你，五天之后的天亮时分，你等在这里与我会面。"

张良对这个神神秘秘的老翁充满了好奇，五天之后，天刚蒙蒙亮，他就如约赶到桥边了。谁承想，这个老翁居然早就等在那里了，他对张良说："你和

老人约着见面,为什么还要晚到?你五天之后再来吧!"说罢转头就走,也不听张良的解释。

到了第五天,张良生怕再比老翁晚到,鸡刚叫就来到了桥头,结果再次晚了老人一步。老人再次留下和上次同样的话后便潇洒离开了。

第三次见面的时候,张良索性半夜就到桥上去等候。这次终于比老翁早了。

老翁来了之后,终于心满意足,他拿出一卷竹简交给张良,并对他说:"你认真读懂这卷书,就能做帝王的老师了。十年之后,天下将大乱,你可以运用书中的知识辅佐王者兴邦立国。十三年之后,你去济北谷城山下找我,如果见到山下有一块黄石,那就是老夫,不要爽约哦。"

说完,老翁一拂衣袖就走了,而后便杳无音信,世间再无人见过他。

等天亮之后,张良才看清手中的竹简,原来是《太公兵法》。

至于那位老翁,坊间盛传他就是传说中隐居不仕的黄石公,也被称作"圯上老人",是一位神龙见首不见尾的传奇人物,出现在桥边就是为了考验并赠予张良《太公兵法》。

佐策入关

张良得到《太公兵法》后,将它视作珍宝,用心地日夜研读记诵。这些知识很快就有了用武之地。

十年之后,也就是公元前209年,陈胜、吴广果然在大泽乡揭竿而起。

一向怀揣着"反秦"梦想的张良迫不及待地加入了反秦的抗争,但张良的势力单薄,只能四处寻找较为强大的反秦势力投奔。

就在这时,刘邦率领的起义军队伍也来到了下邳一带发展势力,张良和刘邦一见如故,就在刘邦的手下当了一个管马的小官。

这段时间,张良寻着机会就给刘邦讲《太公兵法》。刘邦很高兴,经常采纳他的意见。这些话张良也曾对别人讲过,但那些人都不开窍,只有刘邦一下子就听懂了。

张良高兴地说:"沛公的智慧,大概是老天爷赐给他的。"因为这份惺惺相惜,张良决定从此侍奉刘邦。

后来,刘邦加入了项梁的队伍,张良也自然而然地跟着刘邦一起来到项梁麾下。

这时的项梁已经拥立了楚怀王,心系故国的张良趁机劝项梁说:"您既然已经拥立了楚怀王的后代为王,不如再多拥立一个。我听说韩国宗室的后裔中要数横阳君韩成最为贤能,不如您将他拥立为韩王,这样我们的盟友就多了一个。"

项梁觉得张良说得很有道理,就听从了他的意见,让人找到韩成,将韩成拥立为韩王。项梁还任命张良为韩国的司徒,跟随韩王一起去收复韩地。韩王他们人少,好不容易攻占下来的城邑很快就被秦军夺了回去,只能在颍川一带来回打游击。

等到这一年的年底,楚怀王下令让楚军兵分两路攻打秦国:项羽跟着宋义前去驰援赵国,刘邦则西进伐秦。

刘邦从洛阳出辕(huán)辕关南下时,韩王和跟在他身边的张良一起引兵来与刘邦会合。他们跟着刘邦一连攻下了韩地的十多座城池,又打败了秦朝杨熊的军队。而后,刘邦让韩王韩成留下来驻守阳翟,让张良跟着自己继续南进,攻打宛城。接着,大军一路向西挺进,攻下武关、峣关,顺利攻入咸阳城。

而能够顺利地攻入咸阳城,张良也有莫大的功劳。

攻下武关后,刘邦原本想用两万人去攻打驻守峣关的秦国军队,张良却对他说:"眼下秦国的军队依然拥有强大的实力,咱们可不能硬碰硬。我听说峣关的守关将领是一个屠户的儿子,我猜他也许很容易被利益所诱惑。既然如此,我建议您暂时先按兵不动,派一队人马到四周的山上虚张声势吓唬吓唬他,然后再派人带着昂贵的财宝去贿赂他,只要他动摇了,我们就能轻而易举地攻入咸阳城。"

刘邦按照张良的话做了,这个守关的秦国将领果然叛变,加入了刘邦的队伍一起袭击咸阳。

刘邦进入咸阳城后,张良再次献策帮了刘邦。

那时，刘邦刚进入大秦宫，就被眼前华丽的宫殿、数不清的奇珍异宝和美人看花了眼。他迫不及待地想要据为己有，打算住在这里不走了。樊哙一再地劝说他住到外面去，他都不听。后来，张良也开口劝刘邦说："就是因为秦朝昏君荒淫无道，您今天才能打到这里来。我们为天下除害，就应该以俭朴为本。现在我们刚进秦朝的都城，您就想要过上秦朝昏君那样享乐的日子，这岂不是助纣为虐吗？"

刘邦听完，猛然惊醒，立刻下令所有人退出皇宫，将军队驻扎在霸上。这次的秋毫无犯为刘邦赢得了好名声，也为他之后的鸿门宴脱险赢得了筹码。

鸿门宴前后，张良和樊哙一起以言语打消项羽对刘邦的杀心，帮助刘邦脱险。这段故事我们之前详细讲过，就不再展开了。

项羽自封为"西楚霸王"后，恃强凌弱，要将刘邦"发配"到偏僻荒凉的巴蜀之地，也是张良以重金贿赂项伯，帮刘邦求来了汉中一带作为封地。

刘邦要去封地时，张良认为天下局势暂定，就准备跟着韩王韩成一起回韩国。他将刘邦一行人送到褒中，临别前向刘邦再献上一计：烧毁沿途的栈道以麻痹项羽。

这个建议帮刘邦争取了时间，也为后来"明修栈道，暗度陈仓"埋下了伏笔。

刘邦这边一路走得顺畅，张良和韩成的韩国之行却出了变故。张良都到韩国了，却迟迟没有等来韩成，原来是项羽记恨韩成当初同意让张良跟着刘邦出谋划策，所以不肯让韩成回韩国，而是直接将韩成带去了自己的封地彭城。

再后来，韩成在彭城被项羽杀害，张良闻风而逃，抄小路去投奔刘邦。

这时的刘邦已经从汉中出来，平定了三秦，有了比之前更强劲的实力。刘邦将张良接到了自己身边，封他为成信侯，让他跟着自己一起向东征讨项羽。因为韩成的这笔账，张良不遗余力地辅佐刘邦对付项羽。

就连后来的垓下之战，刘邦也是采用了张良的建议，才得以聚集了各路诸侯的力量，一起攻打项羽，最终成为楚汉争霸的赢家。

因功获封

张良体弱多病，没有办法领兵独当一面，但他经常跟在刘邦身边屡出奇谋，数次帮刘邦化险为夷。

细数下来，若没有张良，刘邦的称帝之路不一定走得下来。

所以，在公元前201年，刘邦再次分封有功之臣时，打算让张良在齐地自己挑三万户作为封邑，并对众位大臣说："运筹帷幄之中，决胜千里之外，这就是张良的功劳。"

大臣们心悦诚服。

但张良却推辞说："臣愧不敢当。臣当初在下邳起兵反秦，有幸与陛下在留县相遇，这是上天要把我交给您。您采用了我的计策，我也确实侥幸说对了几回，但这不全是我的功劳。所以我恳请陛下将留县封给我就足够了，万万不敢领受这三万户食邑的厚赏。"

刘邦对他的谦虚欣赏不已，当即封张良为留侯，与萧何等人一起受封。

献计保太子

刘邦迁都关中之后，张良也跟着一起到了关中，但他素来体弱多病，一到关中就整日里闭门不出，刘邦后续剿灭异姓王的斗争，他也极少参与谋划。

直到后来刘邦有了改立太子的想法，许多大臣劝阻都没有用，皇后吕雉经人提醒想起了在家养病的留侯张良。她派自己的亲信到张良家中威逼利诱，张良这才再次出谋划策帮助吕雉保住了刘盈的太子之位。

张良的计谋是什么呢？他对吕雉的亲信说："这是皇帝自己家庭内部的事情，就算有一百个张良，空口劝说也是没有用的，你得为太子造势。我听说在商山上住着四名隐士，人称'商山四皓'，皇上一直想请他们出山辅佐都没能如愿。你要是能想办法将他们请到太子的身边，让他们跟着太子上朝，皇上就会想，连德高望重的'商山四皓'都支持太子，我还要废了他吗？"

吕雉的亲信喜出望外，连忙带着厚礼和太子的亲笔书信去请"商山四皓"。四人见太子在书信中的言辞谦恭、态度诚恳，也就同意出山教导太子。刘邦见状，果然放弃了改立太子的想法。

张良也因为献计保太子的举动，让他在后来刘邦去世后吕雉掌权时，依然得以被善待。

但张良却觉得，自己靠着三寸不烂之舌，当了帝王的老师，被封为万户侯，已经足够了。余下的人生，他只想抛弃人世间的一切事情，跟着赤松子修行。

张良去世后，被追封谥号为文成侯。

张良的一生淡泊名利、不贪功劳，在大杀功臣的刘邦手下却能得以高位善终。而同样被誉为"汉初三杰"之一的韩信就没有这么好的结局了。

《史记》原典精选

汉六年正月，封功臣。良未尝有战斗功，高帝曰："运筹策帷帐中，决胜千里外，子房①功也。自择齐三万户。"良曰："始臣起下邳，与上会留，此天以臣授陛下。陛下用臣计，幸而时中，臣愿封留②足矣，不敢当三万户。"乃封张良为留侯，与萧何等俱封。

——节选自《留侯世家第二十五》

【注释】

❶子房：张良字子房。　❷留：地名。

【译文】

汉六年（公元前201年）正月，封赏功臣。张良不曾有战功，高帝说："出谋划策于营帐之中，决定胜负在千里之外，这就是子房的功劳。你自己从齐国选择三万户作为封邑吧。"张良说："当初我在下邳起事，与陛下会合在留县，这是上天把我交给陛下。陛下采用我的计谋，幸而经常生效，我只愿受封留县就足够了，不敢承受三万户。"于是封张良为留侯，同萧何等人一起受封。

大有来头的《太公兵法》

隐士黄石公传给张良的《太公兵法》是什么来头呢？

《太公兵法》又称《六韬》《姜太公六韬》，是先秦时期著名的黄老道家典籍《太公》的兵法部分，也是中国古典军事文化遗产的重要组成部分。

相传，该书是由姜太公吕望所著，以太公与周文王、周武王对话的方式编成。内容十分广泛，有关战争及相关问题几乎都有涉及，其中最精彩的部分是它的战略论和战术论。

13 淮阴侯韩信：不懂得低调的军事天才

人　　物：韩信
别　　称：淮阴侯
生 卒 年：？—公元前196年
出 生 地：淮阴县（今江苏省淮安市淮阴区）
历史地位：秦末汉初杰出的军事家，汉朝的开国功臣，与张良、萧何并称为"汉初三杰"，古代军事思想"兵权谋家"中谋战派的代表人物

人物小传

刘邦称帝后，对参与反秦的各路将领论功行赏，重新分配封地。

刘邦表面上称赞韩信"攻无不克，战无不胜"，分封时却以"义帝楚怀王没有后代，而齐王韩信熟悉楚地的风俗"为由，将齐王韩信改封为楚王，定都下邳。

这封赏乍一看没什么问题，但实际上大有玄机。

韩信确实出生在楚地淮阴，但他势力的根基却在齐地，将韩信调离他更为熟悉的齐地，到下邳去就封，这本身就是在削弱他的势力。

功高遭忌

其实，刘邦对韩信的忌惮早有苗头。

早在楚汉相争时，韩信就以其杰出的军事才能横扫魏、赵、代、燕、齐诸国，并数次率兵支援刘邦，这对刘邦来说，是令他欣慰的，也是让他深深忌惮的。

因为韩信虽然能打仗，但他性格孤傲、自恃功高。

在打垮齐国后，韩信曾派人去对刘邦说："齐国狡诈多变、反复无常，南边又与楚国相邻，如果没有人在这里镇压着，局势恐怕不会安稳。我自请做代理齐王，在这里稳定局势。"

当时的刘邦正处于荥阳之困，一收到韩信的来信，气得破口大骂："荥阳都这么危急了，你不想着来救我，居然还想自立为王？"

但张良、陈平等人都劝他："汉军如今处境不利，也没有办法阻止他称王。您不如顺水推舟同意了他的请求，还能叫他自守一方。他要是自己称王，北边可就要乱了。"

刘邦没有办法，只得咬咬牙封韩信为齐王，还气呼呼地给韩信回信："大丈夫要做就做真王，何必做代理王？"这一举动把韩信感动得够呛，也暂时被安抚下来。

垓下之战前，刘邦召集各路将领围攻项羽，韩信却未能如约而至。后来刘邦许诺封地他才肯发兵，这也让刘邦狠狠记了他一笔。

垓下之战后，刘邦去项羽墓前祭奠，回定陶的途中，突然到韩信的军中，出其不意地夺了韩信的军权。

但光剥夺军权显然还不能安抚刘邦的疑心，这才有了后来改封韩信为楚王的事情。

韩信被贬

韩信到楚国就封后，派人将当年在他落魄时给他饭吃的老妇人找来，给了她千金作为酬谢。又将南昌亭长找来，赏给他一百钱，并对他说："你做好事不能做到底，这就是你应得的。"

了解韩信这些举动的背景，就要说到他年少时的旧事了。韩信年少时家里穷，无法维持生计，常去别人家里蹭吃蹭喝，南昌亭长的家里他去得最多。

去的次数一多，亭长的妻子就不高兴了，有几天干脆提前了煮饭的时间，一大早就把饭煮好吃完，等韩信来的时候家里就没饭了。韩信明白了她的用意，就不再来了。

韩信饿得受不了，就去城外的河边钓鱼，一群老妇人正在河边洗衣服，见韩信饿得肚子咕咕叫，就有一个老妇人将自己带来的饭分给他吃。韩信很感激，就对老妇人说："我将来一定重重报答您。"

那位老妇人却生气地对他说："男子汉大丈夫连自己都养活不了，我是可怜你才给你饭吃，又不是图你的报答。"

淮阴城中有对韩信有"一饭之恩"的老妇人，也有让他受"胯下之辱"的少年。那是一个在淮阴市场上卖肉的年轻人，见韩信又高又壮，还整日里带刀挎剑到处闲逛，就当众拦住韩信对他说："你不过是个胆小鬼。你要是不怕，就拿你手中的刀刺向我；你要是怕死，就从我胯下钻过去。"韩信不想因为杀人惹上事，盯着他看了半天，最终还是趴在地上从他胯下爬了过去，惹来了围观人群的哄堂大笑。

所以韩信这次回乡后,也把当年侮辱他的那个年轻人找了过来,还让他给自己做了维持都城治安的中尉。韩信对身边的人说:"就是这位好汉当初侮辱我。如今我这么待他,就是要告诉天下人,我忍受了一时之辱,是为了成就今天的事业。"

众人纷纷夸赞韩信心性坚韧、不计前嫌,是一位贤王。

事情传到刘邦耳朵里,他开始坐立难安了,总觉得韩信是在谋划些什么。

恰逢此时,他听说韩信收留了逃亡在外的楚军将领钟离眛,更加对韩信不放心了。

这个钟离眛是之前项羽身边的将领,和韩信的交情一直不错。项羽死后,钟离眛就投奔了韩信。

但刘邦一直很讨厌这个人,不仅是因为楚汉争霸期间,钟离眛多次率军和汉军交战,是项羽身边的骨鲠之臣,还因为就是钟离眛去丰县抓走了刘邦的父亲和夫人。所以刘邦一听说钟离眛躲到了韩信的封地,立即就下诏让韩信捉拿钟离眛。但韩信并没有马上执行这个命令。

而韩信刚到楚国时,为了巡视所属县邑,进进出出都随身跟着一些军队作为警卫。

这两件事凑到一起,不免会引起大家的猜疑。

公元前 201 年,也就是汉高祖六年,朝中有人上书刘邦,告发韩信谋反。刘邦就向大臣们询问意见,大臣们都说:"大王赶紧发兵!活捉了这个忘恩负义的家伙!"

刘邦也想,但他并不说话,他觉得要对付韩信,强攻并不是一个好办法。

这时候张良已经称病很久不上朝了，陈平是刘邦身边最得力的谋士，他建议刘邦说："陛下您可以先以视察楚地的云梦泽为名，召集各路诸侯到陈郡会见，等韩信也过来拜见时，就可以趁机将他拿下。"

刘邦觉得这是个好办法，果然大张旗鼓地去视察云梦泽。

刘邦即将抵达楚国边界的时候，韩信也想过这是不是在针对自己，还动过发兵反叛的念头，可他又转念一想，觉得自己身正不怕影子斜。他想要去朝见刘邦表明忠心，又害怕会被抓，一时陷入了两难的境地。

这时候，有人给韩信出主意说："如果你提着钟离眛的人头去见皇上，就一定能免去祸端。"

钟离眛知道后对韩信说："你别糊涂！现在皇帝之所以不直接发兵攻打楚国，就是因为我在你这里。如果你想杀了我去讨好皇帝，那么我今天死了，你明天就会跟着我一起死！"

韩信听完还是六神无主，拿不定主意的样子。钟离眛见状直接开骂道："你真不是一个有德行的人！"说罢就自刎而死。

韩信带着钟离眛的人头到陈郡去朝见刘邦，果然如同钟离眛猜测的那样，刘邦当即命人将韩信逮捕，装到自己带来的囚车上。

韩信苦笑着说："果然就像人们所说的那样：'狡猾的兔子死了，优秀的猎狗就会被烹杀；高空中的鸟被射光了，良好的弓箭就会被藏起；敌国全部被平定，功臣就会被杀死。'如今天下已经太平，是到了该杀我的时候了！"

刘邦却狡辩说:"我抓你是因为有人告发你谋反。"

说罢让人给韩信戴上械具。

等将韩信押送到洛阳之后,刘邦又把韩信给放了,但将他的王位削去,贬为列侯,号淮阴侯。

被贬为淮阴侯之后,韩信知道刘邦现在对自己的军事才能又恨又怕,于是经常称病不再参加朝见,也不再随同刘邦出行。他整日窝在家里闷闷不乐,心里充满了怨恨。对刘邦积怨久了,韩信就真的起了谋反之心,没多久他就等来了合适的机会。

长乐宫之变

刘邦手下有个将领,名叫陈豨,是汉朝的开国将领之一,论功行赏时被封为阳夏侯。眼下,陈豨被刘邦任命为代国丞相,去统领赵、代两国的边防部队抵御匈奴。

陈豨之前曾在韩信麾下领过兵,和韩信有些交情。临行前,他来向韩信辞行。

韩信打发走两人身边的随从,拉着陈豨的手,在院子里一边散步一边说:"你能让我信任吗?我有些话要跟你说。"

陈豨连忙回答说:"将军放心,我任凭将军吩咐!"

韩信说:"你现在要去边境镇守,山高皇帝远,万一有人告发你谋反,一次陛下不会信,两次陛下就会有所怀疑,三次陛下就会带兵亲自去围剿你。陛下的疑心重,你还不如真的反了。现在你手里握着全国最精锐的部队,是陛下最信任的臣子,他对你还不设防。你若谋反,我会在京城起兵做你的内应,到那时天下就都是我们的了。"

陈豨一向佩服韩信的才能,对韩信的话深信不疑,当即答应说:"我一定照你说的办!"

公元前197年,也就是汉高祖十年,陈豨果然兴兵叛乱。刘邦听说后勃然大怒,要亲自率兵前去镇压。他会合天下之兵,集结多位汉军名将,一起前去征讨陈豨。韩信原本也在集结之列,但他借口生病了没有跟着一同去。

等刘邦大军出发之后,韩信私下里派人通知陈豨,说:"你只管放心打,我在都城这边帮助你。"

而后,韩信与家臣们一起造了假诏书,准备等时机一到就连夜释放在各个官邸里关押的罪犯和奴隶,带着他们一起进宫去偷袭吕雉和皇太子。

然而百密终有一疏，韩信家中有一个家臣因为得罪了韩信被他关了起来，准备择日处死。这个家臣的弟弟又恰巧知道了韩信的谋划，便写了一封密信将韩信的计划一五一十地告知了吕雉。

得知韩信已经叛变的吕雉，急忙找来此时也留在宫中的丞相萧何，一起商量如何解决韩信的事。

吕雉想下令召集韩信进宫，趁机抓住他，但又担心韩信的党羽不让他来，还提前打草惊蛇。

萧何就提议说："不如找一个人，假装是从前线回来的，诈称陈豨的叛军已经被平定，让文武百官都进宫来祝贺。这个理由，韩信怎么着也得来。"

为了确保万无一失，萧何还亲自到韩信的府上去请韩信，他说："这是天大的喜事，即便你有病在身，也应该强撑着进宫去祝贺一下。"

韩信无法推托，只好跟着他进了宫。

结果，韩信刚一走进长乐宫，就被吕雉提前安排的武士一拥而上，将他捆了个结结实实。而后也不问缘由，直接将韩信押进长乐宫的钟室里就地处死了。

临死前，韩信仰天长笑，说："我真后悔当初没有听蒯通的劝告，才落得如今被奸人欺骗谋害的下场，这难道就是天意吗？"

吕雉处死韩信之后，将韩信的父族、母族、妻族三大族全部诛杀，被称为"国士无双"的一代名将韩信就此身死族灭。

另外值得一提的是，为吕雉献计诱杀韩信的萧何，他与韩信之间的渊源有一个成语足以概括：成也萧何，败也萧何。

如今，在韩信的故事里我们已经知道了萧何是如何让韩信"败"的，那么萧何最初又是如何让韩信"成"的呢？

《史记》原典精选

韩信已破齐，使人言曰："齐边①楚，权轻，不为假王，恐不能安齐。"汉王欲攻之，留侯曰："不如因而立之，使自为守②。乃遣张良操印绶③立韩信为齐王。"

——节选自《高祖本纪第八》

【注释】

① 边：邻近，靠近。　② 自为守：自己为自己防守。
③ 绶：用来拴印的丝带。

【译文】

韩信攻下齐国后，派人去对汉王说："齐国和楚国相邻，我的权力太小，如果不立个代理之王，恐怕不能安定齐地。"汉王想去攻打韩信，留侯张良说："不如趁此机会立他为齐王，让他自己为自己守住齐地。"于是汉王派张良带着王印到齐国封韩信为王。

象棋的来历

象棋是中国的传统棋种之一，它的来历说法不一，其中一个版本就是：象棋是由淮阴侯韩信发明的。

相传，韩信被逮捕下狱后，负责看管他的狱卒曾向他请教兵法，韩信便让狱卒坐在自己对面，取来一根筷子在地上画了个方框，再从中间画出一条"界河"，上书"楚河""汉界"。接着又在界河两边各画了 36 个小格，叫狱卒取来竹简和笔，把竹简裁成 32 个小块，在上面分别标注将、帅、象、马、炮、车、士、兵、卒等字眼，然后将 32 个小竹块分成两个阵营，在界河两侧排兵布阵。摆好后，韩信一边摆弄小竹块，一边告诉狱卒："用兵之道，就在此中。"

14 丞相萧何：一生忠贞，却需要靠自污名节来自保

人物小传

人　　物：萧何
别　　称：萧相国
生 卒 年：？—公元前193年
出 生 地：沛县丰邑（今江苏省徐州市丰县）
历史地位：汉朝的开国功臣，杰出的政治家，与张良、韩信并称为"汉初三杰"

萧何与刘邦是同乡，年轻时因为精通法令条文做了沛县的功曹。

萧何的性格随和，从不刻薄、残忍，刘邦还是平民的时候多次触犯法律条文，都是萧何袒护他，帮他脱险。后来，刘邦做了泗水亭长，萧何更是时常帮助他，接济他。

而等到刘邦起兵做了沛公后，萧何就到他帐下做了县丞，帮他处理各种事务。萧何的才干深受刘邦的赏识。

刘邦进入咸阳城后，其他人都忙着瓜分金银布帛，只有萧何跑到了丞相府和御史大夫府，将秦朝的法律规章和各种档案资料都细心收藏了起来。

后来，项羽一把大火烧了大秦宫，多亏了萧何收藏起来的这些档案资料，

刘邦才能具体知道全国的军事布防、户籍数量、穷富状况、百姓疾苦，等等。

所以，等刘邦当上汉王之后，就任命萧何为丞相。

而此时的韩信，还只是刘邦帐下的一员小将。

月下追韩信

韩信早年间投入项梁的麾下，但他很不受重视，一直是个默默无闻的小兵。后来项梁战死后，他又跟着项羽，项羽也只是让他做了个郎中。韩信多次给项羽献计，项羽都不予采纳。

再后来，韩信就离开了项羽，到了刘邦麾下。

起初，刘邦也因为韩信没有什么名气，只是让他做了连敖，这同样是个小官，负责掌管军粮及粮食生产之事。

但不同的是，刘邦手下有萧何。

萧何曾多次与韩信交谈，十分欣赏韩信的才能，并多次在刘邦面前举荐韩信，但刘邦当时并没有将韩信放在心上。

后来，萧何连夜追回韩信，这才让刘邦注意到了这个人。

那是在刘邦获封汉王后，前往都城南郑的路上，有许多将士受不了离开故土的苦半路逃亡了，将领都跑了几十个。

到达南郑后，韩信也收拾收拾准备跑路了。他跳槽来汉军阵营是为了赚军功、谋大业，如今萧何等人多次帮他举荐，刘邦却像当初的项梁、项羽一样不肯赏识他，他当然要跑了。

萧何听说这个消息后，都来不及跟刘邦说一声，立刻亲自策马前去追赶韩信。

萧何一直追到月照当空,才终于追上了韩信。他不顾自己一路急累交加的艰辛,极力劝说韩信返回南郑,韩信深受感动,这才跟着他回去找刘邦。

萧何刚离开去追韩信的时候,就有不明所以的人去向刘邦报告说:"不好了!丞相萧何逃跑了!"

刘邦当即暴跳如雷,连萧何都逃跑了,那他岂不是就像失去了左右手一样吗?"

没想到过了两天,萧何又回来了,他来面见刘邦,刘邦生气地问他:"你怎么也逃走了?"

萧何连忙解释那天突然离开的原因,他说:"我不敢逃走,我是去追逃走的人了!"

刘邦问他:"那你追的逃走之人是谁?"

萧何回答说:"是韩信。"

刘邦当即又气不打一处来,大骂说:"胡说!各路将领逃跑的有几十人,你一个都没去追,现在却说你去追那个韩信,你这是在欺骗我吗?"

萧何回答说:"别的将领都很容易得到,唯独韩信这个人,普天之下很难找到第二个。大王您如果只是想在关中称王,那么倒也用不上韩信;但如果您想要在天下称王,韩信是与之共谋大事的不二人选!就看大王您是如何打算的了。"

刘邦果断开口说:"我当然想要向东打回老家去,怎么能一辈子窝在这个地方憋屈呢?"

萧何开心地说:"既然大王打算打回老家去,就请留下韩信。如果大王能够重用韩信,韩信自然就不会再逃跑。"

刘邦说:"那好吧,看在你的面子上,让他做个将军吧。"

萧何一脸严肃地说:"以韩信的能力,您就算是让他做个将军,他也不一定愿意留下。"

刘邦说:"那我任命他做大将军总可以了吧?"

萧何说:"那太好了。"

刘邦说："那你让人把韩信找来吧，我封他做大将军。"

萧何却马上劝阻他："大王，不可以这样。您现在任命一员大将却像在招呼一个小孩子似的，有些过于随意无礼了，这才是韩信想要离开您的原因。"

于是，刘邦让人在广场上修起高台，选了一个好日子，沐浴斋戒，举行了一个非常隆重的仪式，才在众位将领面前正式任命韩信为汉军大将军。

可以说，萧何是韩信的伯乐，因为萧何，刘邦才没有失去韩信这员猛将。

而萧何的功绩还不只是举荐了韩信，正如刘邦自己所说的那样：萧何相当于他的左膀右臂。

开国首功

从刘邦在沛县当泗水亭长，一直到刘邦当上开创汉朝的汉高祖，一路上的风风雨雨，萧何都没缺席。

尤其是在刘邦从汉中出来夺取三秦，进而与项羽争夺天下的时候，萧何以丞相的身份留守关中，负责大军的后勤保障工作。他帮助刘邦镇抚巴、蜀，劝勉百姓发展生产，支援前线。刘邦多次被项羽打得兵败逃跑，而萧何总是能及时地把关中的壮丁抽调出来，给他弥补亏缺。

前线缺人时，萧何甚至将自己家里但凡能拿得起武器的男丁都送上了前线，举全家族之力支持刘邦。

萧何从不骄傲自满，他做任何大事之前总是先向刘邦请示，刘邦说可以办他才办；有些事情如果来不及事先请示，他就根据实际情况先行办理，等到刘邦回关中时再向他报告。

萧何处事细心谨慎，刘邦十分放心把关中的一切事情都委托给萧何处理。

到了公元前203年，楚汉之争进入关键阶段，楚军因为连年征战，陷入了兵尽粮绝的困境；但汉军这边却因为有萧何坐镇关中，调度有方，有源源不断的粮草和兵源供给前线，逐渐占了上风。最终，刘邦赢下了楚汉战争。

刘邦称帝后，开始论功行赏，大封群臣。众人都在争论谁的功劳大、谁的功劳小，互相攀比功劳，以至于一年多过去了还没有定下来。

但开国功臣中谁的功劳最大，刘邦心目中已经有了人选，他认为这个人就是萧何。为此，他要封萧何为酂侯，名列功臣第一，还要给他最多的食邑。

然而，丞相萧何是个文官，他获得首功这件事引起了武将们的强烈不满。他们嚷嚷说："我们一个个在前线披坚执锐，身经百战，就算是出战次数少的，也与敌军交战过数十次，要说功劳，我们都是实打实的。而他萧何并没有上过一回战场，只是在后方舞文弄墨耍耍嘴皮子，凭什么他的功劳却比我们这些靠攻城略地立下汗马功劳的人高？"

刘邦也不生气，问他们说："你们会打猎吗？"

武将们回答说："会。"

刘邦接着问："你们知道猎狗吗？"

武将们又回答说："知道。"

刘邦于是说："打猎的时候，跑在前面撕咬猎物的虽然是猎狗，但指挥猎狗的却是猎人，而萧何在后方做的那些事，就像是猎人一样。"

刘邦用了一个很浅显的比喻，他将武将功臣们比喻成猎狗，将萧何比喻成猎人，这足以表明刘邦对萧何功劳的认可。

刘邦不仅力排众议将萧何排在了功臣第一位，还特许他上殿的时候可以穿着鞋子，佩带宝剑，觐见的时候可以不用行"趋礼"（低头弯腰，以小步快走的方式表达对尊者的礼敬）。

萧何的家人也都受到了刘邦的封赏，就连引荐他的鄂千秋也得以升官。

这一系列的封赏，足以见刘邦对萧何的宠信。

然而，就是这么受刘邦宠信的萧何，后来也被刘邦怀疑，不得不以自污名节的方式保全自身。

自污名节

刘邦的统治逐步稳固后，为了巩固王权，开始逐步清理异姓诸侯王。

公元前196年，陈豨发动叛乱，刘邦亲自率兵前去镇压，留在关中的韩信准备与陈豨里应外合，吕雉采用萧何的计策，诱杀了韩信。

刘邦听说了韩信被杀的消息后，特意派人到长安拜萧何为相国，还安排了一名都尉率领着五百名士兵给萧何当护卫。

大家都来恭贺萧何，只有他的家臣召平悄悄提醒他："您的灾祸就要开始了，皇上看到韩信谋反，对您也有了怀疑，这五百卫队，不仅是为了保护您，也是为了监视您的啊。"

萧何立马警醒了过来，为了表示自己的无害，他推辞了封赏，还将自己的全部家财都拿了出来送去前线资助军队，刘邦对此大为欣慰。

到了公元前195年，开国功臣之一的英布也发动了叛乱，刘邦率兵去镇压英布的时候，几次派人回长安去慰问萧何，问他在做什么事情，有没有困难。

萧何再次警觉，知道这是刘邦又对自己不放心了，他觉得刘邦在外领兵吃苦，自己就应该努力勤勉，为他做好后方保障工作。他像过去刘邦在外征战时做的一样，安抚百姓，督促生产，将自己的家财捐助给军队等。

然而，萧何的家臣中又有一人出来劝说道："您现在身居相国的高位，功劳已经不能更进一步了。您当初在后方做的那些，深受百姓的爱戴，到现在已有十多年，百姓们都亲近您、爱戴您。可如今您还在孜孜不倦地博取老百姓的欢心，难免会让皇上多想。皇上多次派人来询问您在做什么，就是怕百姓都倒向了您啊！您若再继续这样做，是会被灭族的。"

为了消除刘邦的猜忌，萧何采纳了这个家臣的建议，不惜自毁名声，故意低买高卖、赊借田产。百姓们渐渐对萧何失望，控告他的信件都送到了刘邦的眼前，这才让刘邦放下心来。

萧何还变着法地向刘邦讨要上林苑的空地，说是要补偿给那些告发他的百姓去耕种。这让刘邦大发雷霆，还把萧何关进了廷尉府拘禁起来，不过很快就在他人的劝说下放了萧何。

这时候的萧何年纪已经很大了，他光着脚、蓬头垢面地走进大殿里，诚恳地向刘邦请罪。刘邦见他如此狼狈，又想起他一直以来谦恭谨慎的为人，也有些过意不去，便彻底原谅了他。

萧何堪称一代传奇名相，甚至可以说，若没有萧何的鼎力相助，汉高祖刘邦也不可能建立起他的大汉王朝。更难得的是，萧何晚年身居高位时，依然能够保持清醒，甚至不惜通过自污的方式，来打消刘邦对自己的怀疑。

萧何去世后，汉惠帝刘盈追封萧何，谥号为文终侯。

萧何的功绩也惠及了他的后代子孙，他的后代子孙中曾有四世子孙因为犯罪被剥夺了封号，但每次爵位要断绝时，天子都会继续寻找萧何的后代，重新封为酂侯。这份厚待，在汉朝的开国功臣中也是独一份的。

《史记》原典精选

汉五年,既杀项羽,定天下,论功行封。群臣争功,岁余功不决。高祖以萧何功最盛,封为酂侯,所食邑多。功臣皆曰:"臣等身被①坚执锐,多者百余战,少者数十合,攻城略②地,大小各有差。今萧何未尝有汗马之劳,徒持文墨议论,不战,顾反居臣等上,何也?"

——节选自《萧相国世家第二十三》

【注释】

❶被:同"披"。 ❷略:夺取。

【译文】

汉五年(公元前202年),已经消灭了项羽,平定了天下,于是论功行赏。由于群臣争功,一年多了,功劳的大小也没能决定下来。高祖认为萧何的功劳最显赫,封他为酂侯,给予的食邑最多。功臣们都说:"我们身披战甲,手执兵器,亲身参加战斗,多的身经百战,少的与敌交战数十次,攻占城池,夺取地盘,都立了大小不等的战功。如今萧何没有这样的汗马功劳,只是舞文弄墨,发发议论,不参加战斗,封赏倒反在我们之上,这是为什么呢?"

筑坛拜将

文中提到,刘邦为了留住韩信这个万里挑一的人才,听从了萧何的建议,特意让人在广场上修起高台,选了一个好日子,沐浴斋戒,举行了一个非常隆重的仪式,才在众位将领面前正式任命韩信为汉军大将军。

萧何的这个提议给足了韩信仪式感。"筑坛拜将"的仪式后来也传承了下来,成为拜将的仪式。在陕西省汉中市汉台区,还保留着拜将坛的遗址,吸引着来自四面八方的游客。

15 诛彭越，灭英布：异姓诸侯王的结局大盘点

人　　物：彭越
别　　称：彭仲、彭王
生 卒 年：？—公元前 196 年
出 生 地：砀郡昌邑（今山东省菏泽市巨野县城南）
历史地位：秦末起义的群雄之一，汉初名将、异姓诸侯王，后世常习惯将他与韩信、英布合称为"汉初三大名将"

人物小传

前面提到，刘邦在统治逐步稳固后，为了巩固王权，开始逐步清理异姓诸侯王。

这场斗争持续了数年，从公元前 202 年开始，一直到公元前 196 年结束。

公元前 202 年，燕王臧荼因为刘邦大肆捕杀项羽旧部感到非常恐惧，率先发动叛乱，刘邦亲自前去征讨，平定叛乱后改立卢绾为燕王。

公元前 201 年，匈奴冒顿（mò dú）单于派人重重包围了韩王信所在的马邑城，韩王信见匈奴势大，便想求和，刘邦怀疑韩王信有背叛汉朝之心，派人斥责了他。韩王信害怕，直接叛逃匈奴，而后兵败被诛杀。

公元前 200 年，刘邦经过赵国，赵王张敖对刘邦执子婿礼，态度恭敬，刘邦却态度极为无礼。赵国国相贯高深为恼怒，策划了一起谋反事件。后来谋反的事被人发觉，赵王张敖虽然不知情，也受连累下狱，被废为"宣平侯"。

公元前 197 年，代相陈豨在代地兴兵叛乱，刘邦率大军御驾亲征，至次年秋将其平定。

陈豨在代地叛乱的消息传来，韩信准备在都城长安发动叛乱里应外合，却不承想被萧何设计，于长乐宫中被吕雉诛杀。

韩信被杀后，作为与韩信合称"汉初三大名将"，功劳、地位也都差不多的彭越和英布，则是刘邦的重点针对对象。

诛杀彭越

彭越，是昌邑县人，曾在钜野泽中以打鱼为生，后来伙同一帮人做了强盗。陈胜、吴广起义后，彭越也跟着起兵反秦。

刘邦从砀县北上攻打昌邑时，彭越率领着自己的队伍前来协助。结果昌邑没攻下来，刘邦率军西去，彭越就自己留在钜野泽收编魏地的散兵，队伍很快就有了万余人。

项羽入关后分封诸王，彭越没有得到封赏，他的势力独立于各诸侯之外。

再后来，楚汉争霸中，彭越帮助刘邦合围垓下，战胜了项羽。刘邦称帝后封他为梁王，定都于定陶。

彭越封王后曾多次到长安去朝见刘邦，表现得十分恭顺。

公元前 197 年，陈豨受到韩信的教唆，在代地发动叛乱，刘邦亲自率兵前去镇压。刘邦大军路过邯郸的时候，召见梁王彭越，让他亲自领兵前来一起参战。

但彭越却很害怕不敢去,他谎称自己生病了,派自己手下的部将领兵前去拜见刘邦。

这让刘邦非常生气,派人去责备了彭越的怠慢。

彭越更害怕了,想要动身前往邯郸向刘邦请罪。彭越的部将却劝阻了他,说:"您之前没有去,现在受了责备后立马过去,这不是告诉别人您在装病吗?您这样过去,反而会被捉拿,还不如直接起兵反了。"

彭越没有听从部将的建议造反,但也没有好办法应对刘邦,只好继续称病不去见刘邦。

彭越的手下有一个太仆,因为得罪了彭越,被定下了死罪。这个太仆找了个机会逃出来,逃到了刘邦那里向刘邦告密,说彭越想要谋反。

刘邦知道后立即派人不动声色地捉拿彭越,彭越完全没有准备,直接就被逮捕了。

刘邦让人将彭越押解到洛阳囚禁起来,由专人审问他,查了一年多,只说是造反的证据确凿,但刘邦后来还是决定宽恕他。刘邦将他贬为平民,用囚车押送着将他流放到蜀地的青衣县去。

押送彭越的队伍刚走到郑县,就遇到了从长安到洛阳去的吕雉。彭越此时将吕雉当成了救命稻草,一见到吕雉就大打感情牌,一边哭一边诉说自己是无罪的,请求能让自己回家乡养老,哪怕是做个平头老百姓也行。

他心里还想着,万一能说得吕雉一时心软,还能在刘邦面前替自己开脱两句。

却不承想,吕雉当面答应得好好的,还将他带回了洛阳,可一见到刘邦,吕雉就对刘邦说:"彭越可不是一般人,您现在把他流放到蜀地,等于是在给自己留下后患，还不如干脆点将他给杀了。"

刘邦还有些犹豫，说："都已经判他流放了，总不好就这样对他赶尽杀绝吧？"

吕雉接过话说："这好办，您就交给我吧。"

而后，她暗地里指使彭越的手下诬告彭越还有谋反之心，又让廷尉上奏依法诛灭彭越全族。刘邦就顺势批准，彭越全族被灭，封国也被废除了。

讨伐英布

韩信、彭越先后被杀，让英布内心十分恐慌。

有一天，英布还在外面狩猎的时候，就收到了刘邦命人送来的恐吓之物，这让英布更加草木皆兵了。他一回到家里，就暗中增加了身边的防卫人员，还集结了军队，密切关注周边几个郡的动向。

但英布还是防不胜防。

英布有一个十分喜爱的宠妾，有一天这个宠妾生病了去看大夫，而大夫的家刚好与英布手下的中大夫贲赫正对门。

一来二去，宠妾与贲赫就认识了，还一起在大夫家里喝过酒。

后来有一天，宠妾在英布面前闲聊时，无意间提起贲赫，还夸他是一个忠厚老实的长者。

然而英布却知道他们本没有交集，就质问宠妾是如何知道的。从宠妾的口中，英布知道了他们曾在一起饮酒的事情，因此更加怀疑宠妾与贲赫有私情。

再说贲赫那边，自打他知道英布开始怀疑他之后，就因为害怕而称病躲在家里，不敢出家门。他想着惹不起总躲得起吧，可这一举动却让英布更加愤怒了，以为他是心虚，打算直接逮捕贲赫。

贲赫听说后，为了活命，干脆铤而走险，驱车赶往长安，上书刘邦说英布要叛乱。

刘邦看了贲赫的上书，立刻找萧何一起商量对策。

萧何说："英布应该不会叛乱，或许是贲赫和英布结了私怨在诬蔑他。您不如把贲赫先关押起来，再派人去暗中试探一下英布？"

刘邦按照萧何的办法做了。

153

再说英布那边，贲赫一逃，他就派人去追，生怕贲赫到了长安将自己之前暗中部署兵防的事情一并说出去，可惜没有追上。

如今，刘邦派来的使臣抵达淮南，英布更慌张了。这问罪的使臣都到家门口了，干脆反了吧。这么想着，英布先是杀死了贲赫全家，而后起兵造反。

刘邦听说英布反了之后，亲自率领军队前去征讨，在蕲县以西遇上了英布的大军。

双方排兵布阵后，刘邦与英布在阵前对峙。他隔着阵地远远地对英布喊话道："英布，你为什么要造反呢？"

英布回答说："我也想要当皇帝。"

刘邦原本还想和他好好谈谈的，此话一出，刘邦怒不可遏，两军随即展开大战。

然而，英布的军队敌不过刘邦的大军，很快便一路溃败，英布领着剩下的士兵逃到长江以南的地区。

长江以南的这片区域是长沙王的地盘，而现在的长沙王吴臣正是吴芮的儿子。

英布早些年起兵的时候，曾借助过番阳的县令吴芮的势力，吴芮还将自己的女儿嫁给了英布，所以英家和吴家是亲戚关系。

因此，当吴臣派人来给英布传信，说要接英布过去会合，跟着英布一起逃亡的时候，英布深信不疑。

令英布没想到的是，当他跟着来人一起回到番阳后，事先埋伏好的一群人一拥而出，将英布杀死。

英布死后，刘邦又让樊哙、周勃先后统兵，讨伐曾与陈豨叛军态度暧昧的

燕王卢绾。卢绾曾经和刘邦关系很亲近，知道刘邦是个顾念旧情的人，就准备带着家属、亲信数千人亲自入长安向刘邦解释。

但不巧的是，很快就从长安传来了刘邦驾崩的消息，卢绾畏惧吕雉，只得逃往匈奴。

至此，除了长沙王吴臣因为识时务、势力小、构不成威胁而得以保存，其他异姓诸侯王尽数被解决，各大封地的控制权也尽数转移到刘氏子侄的手中。

《史记》原典精选

滕公曰:"上裂地而王之,疏爵①而贵之,南面而立万乘之主②,其反何也?"令尹曰:"往年杀彭越,前年杀韩信,此三人者,同功一体之人也。自疑祸及身,故反耳。"

——节选自《黥布列传第三十一》

【注释】

① 疏爵:分别赐予爵位。
② 万乘之主:万辆兵车之主。本指天子,这是说被分封的王和诸侯的规模势力像天子。

【译文】

滕公说:"皇上分割土地立他为王,分赐爵位让他显贵,面南听政立为万乘之主,他为什么反呢?"令尹说:"去年杀死彭越,前年杀死韩信,这三个人有同样的功劳,是结为一体的人,自然会怀疑祸患殃及本身,所以造反了。"

白马之盟

刘邦在以种种借口翦除异姓王后,又分封了许多刘氏子侄为同姓王,同时还杀白马歃血为盟,与群臣订下誓约,其核心内容为:"非刘氏而王者,天下共击之。"也就是说,不是刘氏子弟而称王的,天下可群起而击灭他。刘邦的本意是以这种手段巩固刘家的天下,但后来却并未得到严格的遵守,吕雉临朝称制后,大封吕姓子弟为王,这条盟约也就失去了约束力。

16 刘邦病逝：御驾亲征惹的祸

人　　物：陈平
别　　称：陈丞相
生 卒 年：？—公元前179年
出 生 地：阳武县（今河南省新乡市原阳县东南）
历史地位：刘邦身边的重要谋士，六出奇计功勋显著，是汉朝的开国功臣之一

人物小传

在中国古代历史上，匈奴是一个作战能力非常强悍的游牧民族，时常搅得中原王朝的天子们不得安宁。汉高祖刘邦也不可避免地承受着匈奴的困扰。

匈奴这时候的首领是冒顿单于，自他当了首领之后，通过征战首次统一了北方草原，建立起庞大强盛的匈奴帝国。他还不断向南入侵中原地区，试图占领更多的地盘。

韩王信叛汉

汉朝建立后，为了防范匈奴对汉朝边境的侵扰，刘邦在公元前201年决定将韩王信的封地改到太原以北，以晋阳为都城，管辖太原郡和雁门郡下辖的三十一个县。

不久之后，韩王信上奏，说晋阳离边境太远，不利于防守，请求将王都迁到更北的马邑。这个请求得到了刘邦批准。

然而情况并不乐观，这一年的秋天，匈奴冒顿单于就率领大军攻打太原郡，一直打到了马邑城下，将韩王信围困在城中。韩王信多次派使臣与匈奴会谈，谋求和解。

后来朝廷的援军赶到，解除了马邑之围。刘邦对韩王信私自派使臣去和匈奴和谈的事很不满，派人斥责了韩王信。

韩王信害怕，干脆投降了匈奴，领着匈奴人南下攻汉。

白登之围

公元前200年，也就是汉高祖七年，冬天，刘邦亲自率领三十万大军出征匈奴，同时镇压韩王信的叛乱。

随行的谋士有陈平、娄敬，将领有樊哙、夏侯婴、周勃等。

刚一开始，刘邦的军队连连取胜，屡次打败了韩王信和匈奴的联军。但也由于一开始打得过于顺利，刘邦逐渐产生了轻敌的思想。

在某一次刘邦派人前去探测军情时，匈奴首领冒顿单于故意将精锐部队都藏了起来，混淆刘邦的判断。

等到汉军轻敌冒进后，冒顿单于率领匈奴骑兵突袭，将刘邦及先头部队追赶到了白登山上。因为汉军的拼死抵抗，匈奴人几次冲锋都攻不上去，只得将他们围困在了白登山。

这个时候正值寒冬，风雪交加，刘邦等人被困在白登山上七天七夜，一直

与外面的汉军联络不上,情况十分危险。

危急时刻,随行的谋士陈平提出了一个建议:"大王不如用丰厚的礼物去贿赂冒顿单于的妻子阏氏(yān zhī),请她在冒顿单于面前说情。"

刘邦采纳了他的建议,当即派人趁着大雾偷偷下山,带着许多金银财宝前去贿赂单于阏氏。

阏氏十分喜欢汉人送来的礼物,就对冒顿单于说:"我们即使占领了汉人的土地,也不能长久地待在这里,不如撤去一角,放他们离开。汉朝、匈奴两国君主不应该将彼此逼上绝路。现在汉朝的皇帝被困在白登山,汉人是不会罢休的。到时候灭不了汉朝的皇帝,还等来了救兵,就得不偿失了。"

冒顿单于听后觉得有道理，加上与他约定好一起作战的韩王信援军迟迟没有来，他生怕有什么变故，只得就此作罢。

刘邦在山上见匈奴人的包围圈出现了松动，连忙派使者进进出出试探，几次都没有被匈奴人发觉，这才放心地找了一个大雾天，结成圆阵逃出包围圈。

白登之围是刘邦一生中少有的大败仗，要不是陈平的计谋得当，刘邦说不定就成了俘虏。

脱身以后的刘邦心有余悸，马不停蹄地快速驰入平城（今山西省大同市）休整。等到汉军援军到了之后，匈奴人就撤兵了，刘邦也跟着罢兵还朝。

之后，刘邦为了休养生息，以宗室女假称公主，与匈奴和亲，两国关系得到暂时的缓和。

病榻问相

刘邦的一生中，可不止出征匈奴这一次是御驾亲征，在逐一消灭异姓诸侯王的几次作战中，刘邦基本上都是亲自带兵前去镇压的。

公元前196年，淮南王英布发起叛乱，刘邦再次御驾亲征镇压叛军。次年十一月，刘邦从讨伐英布的前线返回长安。走在半道上的时候，刘邦就已经有些支撑不住了。

因为讨伐英布的时候，他曾被飞来的箭矢所伤，这箭伤一直不曾痊愈，后来还变得越来越严重。一回到长安，皇后吕雉立马请来名医为刘邦诊治。

看诊结束后，刘邦问名医："我的病情怎么样了？"

名医吓得瑟瑟发抖，不敢直说，只一个劲地重复说："还……还能治得好。"

一听名医这么说，刘邦立马就明白了，他傲慢地骂道："我一介平民布衣，提着三尺长剑夺得了天下,这都是天命!我的命数当然是由上天早就决定好了的,即使是扁鹊重生,也改变不了我的命数!"

骂完,刘邦也不让名医继续治疗了,命人给他取来一些赏钱就将他打发走了。

不一会儿,吕雉来到刘邦的病榻前,沉默良久后她开口问刘邦:"陛下百年之后,如果萧相国也去世了,让谁来接替他的这个位置当宰相呢?"

刘邦回答说:"可以用曹参。"

吕雉又问:"曹参之后呢?"

刘邦回答说："可以用王陵。不过王陵这个人行事有些鲁莽，可以让陈平协助他。陈平这个人智谋了得，但难以独当大任。还有周勃，他这个人虽然学问不太好，但为人沉稳，日后能安定刘氏政权的人一定是他，所以可以让他做个太尉。"

吕雉还想再问一些以后的安排时，刘邦却对她说："再往后的事情你也没必要知道了。"

病榻问相后没多久，刘邦在长乐宫中病逝。

然而，吕雉却封锁了消息，一连四天都没有对外宣布，每天忙着和审食其商议大事。原来，这场"病榻问相"从表面上看，是为了让刘邦安排后事，但实际上，她是在向刘邦试探，朝中有哪些势力是向着刘氏的，哪些臣子是可以拉拢的，为日后夺权做准备。

刘邦一死，吕雉害怕曾经与刘邦一起打天下的将领们会对幼主心里不服气，就动了杀光大汉功臣的心思。但后来将军郦商知道了她的打算，连忙入宫劝说。

在郦商的劝解下，吕雉放弃了这个疯狂的计划，为刘邦发丧，同时大赦天下。

刘邦被葬在长陵，谥号高皇帝，庙号太祖，史称"汉高祖"。

之后，吕雉的儿子刘盈继位，史称"汉惠帝"。

《史记》原典精选

匈奴常败走，汉乘胜追北①，闻冒顿居代（上）谷，高皇帝居晋阳，使人视冒顿，还报曰："可击。"上遂至平城。上出白登，匈奴骑围上，上乃使人厚遗②阏氏③。

——节选自《韩信卢绾列传第三十三》

【注释】

① 追北：追击败逃的军队。 ② 遗：赠送。
③ 阏氏：单于的正妻，地位等于汉之王后。

【译文】

匈奴常败退逃跑，汉军乘胜追击败兵，听说冒顿单于驻扎在代谷，汉高祖当时在晋阳，派人去侦察冒顿，侦察人员回来报告说："可以出击。"皇帝于是到达平城。皇帝出城登上白登山，被匈奴骑兵团团围住。皇帝就派人送给匈奴王后阏氏许多礼物。

究竟是汉太祖、汉高帝还是汉高祖？

根据《史记》中的记载，刘邦死后，群臣议定的庙号是"太祖"，因为他拨乱反正，统一天下，是汉王朝的创立者，功劳最高，所以上尊号为"高皇帝"，全称为"汉太祖高皇帝"。照这么说来，应该称呼刘邦为汉太祖或汉高帝，而不应该是后世习惯称呼的汉高祖。

之所以称刘邦为汉高祖，一方面是因为西汉司马迁的史书《史记·高祖本纪》中首次这么称呼，之后的史书如《汉书》《汉纪》等皆沿用了这个称呼；另一方面是西汉的后世之君为了表示对刘邦的尊敬，均尊称他为高祖。所以，汉高祖也就成了刘邦最通行的称呼，当然，另外两个称呼也都指的是他。

17 吕后专权：第一位临朝称制的女性

人　　物：吕雉
别　　称：吕后、汉高后、吕太后
生 卒 年：？—公元前180年
出 生 地：砀郡单父县（今山东省菏泽市单县）
历史地位：史上有记载的第一位皇后和皇太后，也是秦始皇统一中国后第一个临朝称制的女性，与唐朝的武则天并称为"吕武"

人物小传

　　吕雉，字娥姁（xū），砀郡单父县人，在刘邦还贫贱时嫁给了刘邦做妻子，生育了儿子刘盈和女儿鲁元。

　　吕雉为人刚毅，在帮助刘邦打天下以及后来诛杀大臣的过程中，吕雉出力颇多。

　　后来，汉高祖刘邦在长乐宫去世后，他们的儿子刘盈继位做了皇帝，吕雉也就成了皇太后。

残害宠姬和皇子

刘邦去世时，留下了八个儿子。除了刘盈外，其他都是庶出。

刘邦的长子刘肥，是曹姬所生，因为是长子，很受刘邦的宠爱，刘邦封他为齐王，给他的封地也是最多的，有七十多座城池。

小儿子刘如意，是宠姬戚夫人所生，也很得刘邦的喜爱，被封为赵王。

反而是二儿子刘盈，刘邦觉得他为人仁慈，过于软弱，不像自己。

刘邦在世时，戚夫人仗着自己得宠，天天在刘邦面前哭求，让刘邦立她的儿子做太子。而吕雉因为年纪大，常年留守关中，和刘邦关系日渐疏远，说不上话。戚夫人和刘如意差一点就动摇了刘盈的太子之位，最后在大臣们的极力劝阻以及张良的妙计下，刘盈的太子之位才没有被废掉。

因为这层关系，吕雉非常痛恨刘邦身边得宠的姬妾，尤其最恨戚夫人和她的儿子刘如意。刘邦一死，吕雉就下令将戚夫人等一众宠姬都关进永巷，并下令召在封地的赵王刘如意入宫。

然而，使者去了三次都没见到刘如意，刘如意身边的赵相周昌几次都以赵王生病为借口拒绝让使者觐见。后来被催促得着急了，周昌就对使者说："先皇把赵王托付给我，现在赵王年纪还小，我怎么敢送赵王羊入虎口呢！"

吕雉听到这话非常生气，当即找了个借口派人去将周昌先召进宫，然后再派人去召刘如意进宫，准备找个机会铲除他。

刘如意还没到都城呢，汉惠帝刘盈就听说了，他心地仁慈，生怕母亲会对弟弟不利，亲自到霸上去接刘如意，接到之后陪着他一起进宫，和他一起吃住，一起行动。

吕雉多次想除掉刘如意都没有找到机会，十分气恼。

这一天，汉惠帝要出门打猎，刘如意因为年龄小，起不来床。汉惠帝见这些天母亲都没有行动，也以为她已经放弃了，就没有强求刘如意起来同去。吕雉等了这么些天，终于等来了刘如意落单的时机，等汉惠帝一出门，就派人给刘如意送去了一杯毒酒。等汉惠帝打猎回来时，一切都来不及挽回了。

铲除了刘如意后，吕雉又对戚夫人展开了心狠手辣的报复，场面极其残忍血腥。汉惠帝刘盈不小心看到变成"人彘（zhì）"的戚夫人后，吓得大哭了一场，随后就病倒了，内心从此蒙上了很大的阴影。

他派人去对吕雉说："这太残忍了！我是您的儿子，无论如何我也不愿意再做这个皇帝了。"

从这以后，汉惠帝开始放飞自我，每天饮酒作乐，不理朝政，身体也一天不如一天。

但吕雉并没有因此收敛，她开始独揽朝政，也更加不择手段地迫害刘邦的儿子们。

临朝称制

公元前188年，汉惠帝刘盈郁郁而终。

发丧那天，大家都看到吕雉只是大哭，却半天没有流下一滴泪。

张良的儿子张辟彊当时任职侍中，才十五岁，看到这一情景后就去找丞相陈平，他说："太后只有皇上一个儿子，现在皇上死了，她却哭得一点都不伤心，您知道其中的缘故吗？"

陈平问他："是什么缘故呢？"

张辟彊说："皇上没有留下成年的、适合继任皇位的儿子，太后现在十分害怕你们这些老臣不听管教，所以不敢真的伤心。丞相您现在要是能带头请求太后，让吕台、吕产入朝做将军，统领南北军，再让其他吕氏子弟都入朝为官，执掌大权，太后就能放下心来，各位也能逃脱灾祸了。"

陈平觉得他说得很有道理，就按照他的话做了。吕雉果然放心多了，也有心思真心实意地哭了。吕氏家族的权势也从这时起开始壮大。

汉惠帝下葬后，太子刘恭即位做了皇帝，吕雉也就做了太皇太后。由于刘恭的年纪太小，大权实际都掌握在吕雉的手里。

吕雉临朝称制，行使皇帝职权，朝廷的号令一概出自吕雉之手。而她做的第一件事就是大封吕氏子弟为王，排除异己。

起初，朝中有许多大臣以"白马之盟"为由反对分封吕氏子弟为王。

后来，看吕雉阴沉着脸十分不高兴，陈平和周勃等人立马变通说："当初先帝平定了天下，封他的刘姓子弟为王合情合理。如今是您行使皇帝的职权，封自己的兄弟族人也没有什么不可以。"吕雉这才高兴地退朝。

下朝之后，右丞相王陵气愤地指责陈平、周勃等人违背了与汉高祖定下的约定，陈平等人却苦笑着辩解说，这都是为了保住大汉江山的无奈之举。

果然，朝中和吕雉对着干的大臣们，一个个都开始被针对，尤其是右丞相王陵，直接被剥夺了相权，让他去做幼帝的太傅。

王陵见自己无力对抗吕雉的决定，只得称病告老还乡。吕雉顺势将左丞相陈平调任右丞相，再将自己宠信的审食其扶植到左丞相之位上来，好帮着自己落实分封吕姓诸侯王的事情。

吕雉之所以这么宠信审食其，也是有原因的。当初，刘邦在彭城战败逃跑时，楚军抓住了吕雉和刘邦的父亲刘太公作为人质，在那段当人质的屈辱日子里，是审食其以家臣的身份跟在吕雉身边服侍，不曾离弃，因而成了吕雉的亲信。

审食其当了左丞相之后，从不处理宰相的日常政务，而是像一个郎中令一样监督宫中的一切事情，做吕雉的眼睛。因为深得吕雉的喜爱，吕雉也经常找他商讨对策，所以朝中真正掌握大权的丞相还是他，朝臣们有什么事情也都得先和他商量。

审食其也非常懂得如何为吕雉分忧，吕雉想扶植自己的娘家势力，他就尽心尽力地为吕雉铺路。

吕雉有两个哥哥，早些年跟随刘邦南征北战时立下了赫赫战功，如今都已经去世了，审食其便提议追封他们为王。吕雉的大哥吕泽被追封为悼武王，二哥吕释之被追封为赵昭王，这便是大封吕氏诸侯王的开端。

之后，吕雉又先后分封了吕氏家族的十几人为王侯。

她的父亲吕公被追尊为吕宣王，侄子吕台被封为吕王，吕产被封为梁王，吕禄被封为赵王，侄孙吕通被封为燕王……她的女儿鲁元当时已经去世了，就给她赐谥号鲁元太后，鲁元的儿子张偃也被封为鲁王。

为了巩固吕家的势力，还让吕姓女子与刘氏宗族子弟联姻，也借此机会监视刘氏子孙的一举一动。

就这样，吕氏家族在朝中站稳了脚跟，吕雉也牢牢掌握了朝中的政治大权。

废黜幼帝

小皇帝刘恭是汉惠帝刘盈的庶长子，一生下来生母就被鸩杀，他也被抱到皇后张嫣的名下抚养。

后来，小皇帝刘恭逐渐长大了，听别人说自己并不是太后张嫣的亲生儿子，自己真正的母亲已经死了，便气愤地对身边的人说："她怎么能杀死我的母亲，将我抢来当成她的儿子呢？我现在羽翼未丰，等我长大后一定要复仇！"

这话传到了吕雉的耳朵里，吕雉担心刘恭日后真的会报复，就将他囚禁在后宫的永巷中，对外宣称皇帝病重，从此不让他有机会接触朝中的大臣们。

但吕雉还不是很放心，她决定扶植新的傀儡。

吕雉对大臣们说："作为皇帝，应该有像天地一样宽宏的胸襟，容纳万

物。如果皇帝怀有感恩的心来善待百姓，百姓们也会高兴地侍奉皇帝，如此天下才能太平。可现在我们的皇帝久病不愈，神志不清，不能继续承担主持宗庙祭祀的重任了，应该有人来取代他治理这个天下。"

群臣不敢多言，都叩头称赞吕雉深谋远虑。

于是，吕雉废黜了刘恭，不久后又悄悄派人害死了他。而后，吕雉改立常山王刘义为皇帝，改名为刘弘。朝中大权依旧牢牢掌握在吕雉手中。

吕后去世

公元前 180 年，吕雉病重。

临终前，她一心想的仍然是巩固吕氏在朝中的权力。

吕雉在知道自己时日不多时，将侄子吕禄任命为上将军，统领北军；让另外一个侄子吕产统领南军，并告诫他们说："高帝平定天下以后，曾和群臣们有过约定：'不是刘氏子弟而称王的，天下人可以一起攻打他。'现在我将吕姓人封了王，朝中的大臣们虽然心中不满，但因为我的缘故不敢作乱。若将来我死了，皇帝还年幼，大臣们恐怕会起来作乱。因此，你们不用去给我送葬，一定要掌管好军队，把守好皇宫，千万不要离开皇宫一步，不要被别人控制住了。"

为了以防万一，她还留下遗诏，将吕产任命为相国，将吕禄的女儿嫁给皇帝为后。

遗诏中还给朝臣们赐了赏金，各个等级都有封赏，为的就是收买众人，让他们不要难为吕姓族人。

八月初一，吕雉去世，大赦天下。

她生前的这些安排并没有派上什么用场，因为吕氏外戚集团与刘氏皇族集团的矛盾实在是太尖锐了，在她离世后，一场你死我活的搏杀马上展开。

《史记》原典精选

吕氏权由此起。乃大赦天下。九月辛丑,葬。太子即位为帝,谒①高庙。元年,号令一②出太后。太后称制③,议欲立诸吕为王,问右丞相王陵。

——节选自《吕太后本纪第九》

【注释】

① 谒:禀告,这里指举行典礼,禀告即位登基。
② 一:一概,完全。 ③ 称制:代行天子之权。制,帝王的命令。

【译文】

吕氏家族掌握朝廷大权就是从这时开始的。于是大赦天下。九月辛丑日,安葬惠帝。太子即位做了皇帝,到高祖庙举行典礼,向高祖禀告。少帝元年(公元前187年),朝廷号令完全出自太皇太后。太皇太后行使皇帝的职权之后,召集大臣商议,打算立诸吕为王,先问右丞相王陵。

褒贬不一的吕雉

后世对吕雉这个人的争议很多,褒贬不一。

有人说她狠辣无情,屈杀功臣,对刘邦的宠姬和刘姓子侄的迫害手段过于残忍;又有人夸她在临朝称制期间,与民休息,支持汉惠帝废除《挟书律》,鼓励民间藏书、献书,恢复旧典,为后来的"文景之治"打下了坚实的基础,是一位有铁血手腕的政治家。

吕雉开创了很多先河,她是秦始皇统一中国后第一个临朝称制的女性,她的吕氏族人,同样也开创了汉代外戚专权的先河。她重用宦官,给多个宦官封侯,开启了汉代宦官封侯的先河。

18 诸吕之乱：说倒就倒的吕氏家族

人　　物：周勃
别　　称：绛侯
生 卒 年：？—公元前169年
出 生 地：沛县（今属江苏省徐州市）
历史地位：跟随刘邦沛县起兵的开国将领，被封为绛侯，平定诸吕之乱的功臣，汉文帝时官至丞相

人物小传

吕后独揽朝政时，大封诸吕，把刘氏天下几乎变成了吕氏天下，朝中的老臣和刘氏宗室都深感愤慨，但因惧怕吕后的残暴，敢怒不敢言。

吕后病死后，诸位吕氏子弟虽然得到了吕雉的封赏，但还是害怕遭到朝臣和刘氏子弟的报复和排挤。

惶惶不安下，他们秘密聚集在上将军吕禄的家中，共谋作乱之事，以便彻底夺取刘氏江山。

刘襄起兵

吕氏子弟惧怕刘邦留下的老臣周勃等人，迟迟不敢行动，密谋的消息也很快走漏了出去。

朱虚侯刘章的妻子是吕禄的女儿，刘章从他的妻子口中得知了吕氏的阴谋，他连忙暗中派人去告诉了他的哥哥齐王刘襄，想让哥哥刘襄抢先一步发兵西进，诛灭吕氏。

刘章还告诉哥哥，自己可以在朝中联合其他的大臣们一起做内应，等平定叛乱后哥哥可以自立为帝。

齐王刘襄哪有不同意的道理，他立刻处死了阻拦自己的丞相召平，又用计夺取了东边琅邪王的兵权，而后统领着两地的军队向长安杀去。

出发前，他给各诸侯王写了一封信，信中说："高帝平定天下后，封刘氏子弟们为王，稳固江山。汉惠帝去世后，吕后主事，她年纪大了，被吕氏子弟所蒙蔽，擅自废黜了皇帝，残害刘姓诸侯王，大封吕氏子弟为王侯。现在吕后也去世，皇帝还年轻，不能治理天下，只能依靠朝中的大臣和诸侯。他们吕家人把持着朝中的兵权和封赏，假传圣旨，大汉的江山已经处于危险之中。我今天率兵入京，就是要杀掉那些不该当王的人。"

这个号令一出，迅速集结了一大批忠于刘氏家族的老臣与刘姓诸侯王，他们和刘襄会合，一起去诛杀吕氏宗族。

消息一出，在长安的相国吕产立马坐不住了，立刻派遣大将军灌婴前去镇压。但他怎么也想不到，灌婴领兵刚走到荥阳，立刻就倒戈了。这个灌婴原本就是跟着刘邦打天下的开国元勋，是忠于刘氏王朝的重要人物，之前听吕产的命令行事不过是在虚与委蛇、等待时机。

灌婴在荥阳驻扎下来后，马上派使者去通知齐王和诸侯们，说愿意与他们结盟，共同诛灭吕氏。

他们商议后决定先按兵不动,只等着吕氏子弟一发动反叛,就率兵群起攻之。灌婴倒戈的消息也先压了下来,暂时没有传到吕氏家族的耳朵里。

周勃夺北军

此时,吕氏家族的人手中还掌握着吕禄统领的北军和吕产统领的南军。

周勃虽然名义上是太尉,是最高军事指挥官,但他手上却没有兵权。他连忙找到右丞相陈平等人私下里谋划,该如何夺取吕禄和吕产手里的兵权。

最后,陈平想出了一个简单直接的办法:吕禄和郦商的儿子郦寄关系很好,如果把郦商绑架来,以此要挟郦寄为他们办事,前去骗吕禄,也许能成事。

说干就干,陈平连郦寄要对吕禄说的台词都一并想好了:"现在吕后去世了,皇帝的年纪还小,您随身携带着赵王的印玺,却不去赵国就封,而是留在朝中以上将军的身份掌握着军队,这难免会让朝中的大臣们怀疑您的用心,齐王起兵也师出有名。不如您现在和朝中的大臣们订个盟约,您把军队交出来给太尉周勃,再劝梁王吕产把相国的印信也交出来,你们都回到自己的封地上过安生日子,朝中的大臣也能够安心,从而劝齐王退兵。齐王没有了攻打你们的理由,一定会撤退,你们也可以高枕无忧地统治着方圆千里的封国,这是一桩对子孙后代有利的美事啊!"

郦寄将这番话原封不动说给吕禄听,吕禄相信了他的话,还真的想把军权交出来自己回封地去过太平日子。

他派人去通知了吕家的其他人,让大家商议一下怎么办。有的人认为这样做可行,也有的人认为这样不好,交了兵权,吕家就要死定了。

就在大家犹豫不决、商量未定的时候,郎中令贾寿带来了灌婴倒戈的消息,

吕家人慌慌张张地催促吕产进宫拥兵自卫。

凑巧的是,平阳侯曹窋此时找吕产议事,听到这个消息后赶忙驾车去给陈平和周勃报信。

周勃见软的不行,就想要硬闯北军。陈平连忙制止了他,秘密找来掌管皇帝符节印信的襄平侯纪通,让他伪造了一份圣旨和符节,好让周勃可以拿着符节和圣旨进入北军军营中。

但进了北军后，没有将军的印信仍然不能调动军队呀，于是，周勃又让郦寄和典客刘揭再次去劝说吕禄："皇上已经传下诏书，让太尉周勃掌管北军，这是要您赶快回封国的意思啊！你还不快些把军印交给太尉，晚了可是会招来祸端的！"

吕禄和郦寄的关系非常好，从没想过郦寄会骗自己，于是真的解下了将军印信交给典客刘揭，让他转交给周勃。

这下，周勃有了伪造的圣旨和符节，还有了北军军印在手，可以堂而皇之地进入北军军营了。

他进入北军的军门后，对全军士兵发布命令说："拥护吕氏的露出右肩膀，拥护刘氏的露出左肩膀。"结果全军士兵齐刷刷地袒露出左肩膀，表明自己拥护刘氏。

周勃于是顺利地接管了北军。

吕氏灭族

然而，此时的南军还在吕家人的手里，周勃接管了北军后又马不停蹄地去南军。丞相陈平找来朱虚侯刘章给周勃帮忙。

这个时候，相国吕产还不知道北军已经失守，他正在往宫中赶，准备劫持皇帝。等吕产赶到未央宫的大门前时，才发现大门紧闭、守卫森严，他根本进不去殿门，只能在殿门前徘徊。

原来是陈平早就从曹窋口中得知了他即将进宫的消息，派了曹窋通知未央宫的卫尉做准备。最后，吕产没有等来殿门大开，而是等来了刘章的军队，吕产抵抗不及，被刘章亲手诛杀。

周勃听说了吕产被刘章诛杀的消息，大喜过望，激动地朝刘章作了一个揖。

因为身居相国高位，又掌握着南军的吕产一除，吕家的其他人就不足为惧了，这场诛吕之乱也即将到达尾声。随后，他下令将吕氏家族的男女老少都抓起来，全部斩首。

拥立新帝

平定完诸吕之乱后，周勃和陈平等大臣开始秘密商议皇帝的人选了。因为听说当今的小皇帝是吕雉用计谋悄悄换进来的吕氏家族的孩子，并不是汉惠帝的亲生儿子。吕雉这么做就是想借此来壮大吕氏的力量。但现在吕氏家族已经被全部消灭了，若还让他们拥立的皇帝在位，等将来小皇帝长大后，难保不会翻旧账，那这群诛杀吕氏的老臣可就都要遭殃了。

这么想着，他们提议说："不如另外在刘氏诸王中挑选一个最为贤明的人立为新皇吧！"

紧接着，就有人提议说："齐王刘襄的父亲刘肥是高祖的长子，在血统上刘襄是最适合立为皇帝的。"

但立马就有大臣反对说："不行，齐王的舅舅驷钧是个非常凶狠的人。要是让齐王做了皇帝，怕是要重现吕氏之乱了啊。"

又有人提议说："那淮南王呢？"

有大臣出来反对说："也不行，淮南王的年纪小，他的母族也很凶狠。"

选来选去都不合适，最后有人提议说："那代王呢？代王刘恒是高祖的儿子，还在世的儿子中他的年纪最大。而且他为人仁孝宽厚，他的母亲薄氏也十分谨慎恭良，薄氏的母族势力也不大，不足以掀起什么风浪。"

这下大臣们都拍手叫好，说："这个人选不错，拥立年长的皇子顺理成章，以仁孝入选，天下人也会信服他。"

大臣们达成一致意见后，马上就暗中派人去代国请代王刘恒到未央宫做皇帝。

刘恒一开始见到使者时，并不敢相信，直接推辞了。等到使者第二次前来邀请时，他才坐上了由六匹快马拉着的车辇出发，赶往长安。

刘恒来到长安后，先是住进了代王在长安的府邸。后来群臣都到这里来拜见，并把天子印玺呈献给他，请求刘恒成为天子。刘恒又推辞了几次，最终架不住群臣的坚决请求，终于同意入主未央宫，登上皇帝宝座，史称汉文帝。

《史记》原典精选

朱虚侯已杀产,帝命谒者持节劳①朱虚侯。朱虚侯欲夺节信,谒者不肯,朱虚侯则从与载,因②节信驰走,斩长乐卫尉吕更始。还,驰入北军,报太尉。太尉起,拜贺朱虚侯曰:"所患独吕产,今已诛,天下定矣。"遂遣人分部③悉捕诸吕男女,无少长皆斩之。

——节选自《吕太后本纪第九》

【注释】

❶劳:慰劳。 ❷因:凭。 ❸分部:分班。

【译文】

朱虚侯刘章杀掉吕产后,皇帝派谒者手持符节前来慰劳。朱虚侯想夺过符节,谒者不肯。刘章就跟谒者同乘一辆车,凭借谒者手中的符节在宫中驱马奔跑,斩了长乐宫的卫尉吕更始。然后跑回北军向太尉报告。太尉起身向朱虚侯拜贺说:"我们所担心的就是这个吕产,(因为他身为相国,又掌握着南军,)现在已经把他杀了,刘氏天下就安定了。"随即派人分头把吕氏的男男女女全部抓来,不论老少一律斩杀。

平诸吕与元宵节

元宵节是中国的传统节日之一,它的由来有这么一个传说:

相传,周勃是在农历正月十五这天平定的诸吕之乱,汉文帝即位后,深感太平盛世来之不易,为了纪念这个有特殊意义的日子,每到这天夜晚,汉文帝就出宫游玩,与民同乐。后来,这一天就被定为元宵节。家家户户张灯结彩,庆祝得来不易的太平盛世。

肆 ◎ 看似「无为」，实则「大有所为」
——文景之治，奠定盛世

19 汉文帝施仁：用一辈子来践行"以民为本"

人　　物：刘恒
别　　称：汉文帝
生 卒 年：公元前203年—公元前157年
出 生 地：河南郡荥阳县（今河南省荥阳市）
历史地位：汉朝第五位皇帝，汉高祖刘邦第四子，汉惠帝刘盈异母弟

人物小传

　　汉文帝刘恒是刘邦的第四个儿子，他即位之后非常贤明，当政期间社会稳定发展，百姓安居乐业，实现了国家的强盛。

　　汉文帝与汉景帝一起开创了文景之治，是中华文明迈入帝国时代后的第一个盛世。

　　汉文帝不仅对百姓施行仁政，对待母亲也是十分孝顺。他曾经为母亲薄夫人亲尝汤药，这个故事被列入《二十四孝》中，成为孝道的典范。

善待功臣

汉文帝即位后，对拥立他做皇帝的功臣和宗室们都论功行赏，加官晋爵。

其中，将在平定诸吕之乱中立下大功的太尉周勃升为右丞相，大将军灌婴升为太尉。原来的右丞相陈平功劳也很大，但他主动辞让，调整为左丞相，在周勃之下。

参与平叛的朱虚侯刘章、襄平侯纪通、东牟侯刘兴居、典客刘揭等人也都得到了封赏。

又将吕雉当年从各位刘姓宗室诸侯王那里剥夺来的土地尽数归还给诸侯。

同时，对那些跟随他父亲刘邦一起开国的老臣们，汉文帝也单独给了赏赐和分封。这些措施使得汉文帝的帝位得到了巩固。

除了重赏功臣之外，汉文帝也十分注意打压放肆的重臣。

周勃为人倨傲，因为平定诸吕、拥立汉文帝等功劳受到了重赏，渐渐地就有些放肆了。汉文帝也不气恼，手段也不过分，只是每次对周勃都礼遇有加，态度越来越敬畏。在汉文帝对他几次破格相待后，周勃终于猛然醒悟，知道自己这是居功自傲、功高盖主了，于是主动辞去了右丞相的职务。

一年后陈平离世，汉文帝不计前嫌地再次任命周勃为右丞相。而后因为需要他起到表率作用，才让他回到封国去。

改革法律和刑罚

汉文帝推崇黄老治术，"守法而无为"。

所谓"无为"，不是毫无作为，也不是漫无边际地放任，而是不超越既定的法律规定。"法"是"无为"的界限，而无为的"道"又是"法"的根源。

所以，汉文帝在即位之初就想要废除秦朝沿袭下来的一些严苛刑罚，还主张实施法律改革，要求"法正"。

汉文帝说："我听说，法律公正，百姓才会忠厚；刑罚得当，百姓才会服从。管理百姓，引导他们向善，这是官吏的责任。如果官吏既不能教导百姓向善，又不能采用公正的法律去惩罚他们，那就是在带头逼百姓们去做坏事。这样的法律就不适合作为治理国家的准则。"

百官们最初还想以"这种做法由来已久"为由搪塞过去，后来见汉文帝态

度坚决，不得不听从。

于是，汉文帝时期，对法律和刑罚进行改革，不仅废除了一人有罪全家牵连受惩治的"连坐法"，还废除了肉刑等酷刑，改为较轻的笞刑或杖刑。

肉刑是直接施加于身体上的残酷刑罚，包括刺面、割鼻、斩足，等等，一旦被摧残，就再也无法恢复。

汉文帝废除肉刑的契机来自一个名叫缇萦（tí yíng）的小女孩。

缇萦的父亲淳于意是齐国的太仓令，因为犯了罪要被押送到长安去判刑。

他的小女儿缇萦不忍父亲遭受酷刑，就跟随父亲一起来到长安，上书汉文帝，说："人一旦被杀就不能再复活，肢体一旦被斩断就不能重新接上。到那时，即便是犯过错的人想改过自新，也没有办法复原了。我请求您允许让我被收入官府为奴，来赎我父亲的刑罚和罪责，让他能有一个改过自新的机会。"

缇萦的上书辗转递到了汉文帝手里，汉文帝怜悯缇萦的孝心，直接下诏废除了肉刑。

虚怀纳谏

除了修改刑罚、善待功臣，汉文帝还虚心接受百姓和群臣的谏言，广纳贤臣。

他曾对群臣说："古时候的明君治理天下，会在四通八达的道路两旁设置让人立于下面进谏的旗子，会在宫门前设置诽谤之木，百姓站在那附近就可以自由地向帝王提建议，可以发表批评朝政的言论。这些都是在鼓励百姓直言进谏，使治国之道更加顺应民意。现在的法令里却将'诽谤朝政'定为罪名，这是让群臣都不敢畅所欲言啊，我也就没有办法知道自己做得不好的地方，这还如何能招来远方的贤能之人呢？"

于是，汉文帝废除了这条法令，并对群臣的意见始终虚心听取采纳。

他还时常反省自己，对下有没有治理、养育好百姓，对上有没有损害日、月、星辰的光辉，为政有没有失德之处，要求群臣在见到诏令后，都要思考皇帝有没有不周到之处，有的话务必要告诉他。

同时，他还要求百官向朝廷推荐贤良方正和能够直言劝谏的人，好让他随时弥补自己的缺失。也要求百官们时常检查自己的职责，务必减省徭役及各种费用以便利百姓。

这些措施为汉朝选拔了不少能人贤士，比如廷尉张释之。

张释之早年和他的哥哥张仲生活在一起，由于家中十分富有，就捐官做了骑郎。

张释之做了十年的骑郎，还默默无闻。张释之觉得自己为官多年不得重用，还耗费了哥哥的资财，深感不安，打算辞官回家。中郎将袁盎知道他德才兼备，不舍得他就此离去，就去请求汉文帝调补他做谒者，张释之因此得以见到汉文帝。

张释之见到汉文帝后，说起了自己对秦朝灭亡和汉朝兴盛原因的看法。汉文帝听后十分满意，就任命他做了谒者仆射。

之后，张释之凭借自己的才能，深得汉文帝赏识，一路晋升，成为廷尉，位列九卿之一。

他以秉公执法、刚正不阿出名，就连天子也不会特殊对待。

有一次，汉文帝外出，车驾行到中渭桥时，有一个人突然从桥下跑了出来，惊扰了为皇帝驾车的马，汉文帝差点摔到河里去。汉文帝十分生气，命人把这个人逮捕起来，交给廷尉张释之审理。

张释之审讯时,那个人辩解说:"大人,我是乡下来的,之前听到这边有官兵喊着要肃清道路,我一着急就躲到了桥下去。后来我在桥下等了好久,以为皇上的车辇应该已经过去了,这才从桥下出来透透气,没想到正巧冲撞了皇上的车队。"

张释之听完后,认为这个人触犯了肃清道路的禁令,按律罚了他一笔罚金,就放他回去了。他将审判结果汇报给汉文帝,汉文帝却十分生气,说:"这个人惊扰了我的马,如果不是我的马生性驯良温和,我就摔伤了,可你居然只判他一点罚金就将他放回去了?"

张释之解释说:"陛下既然将他交给了身为廷尉的我,我作为公正执法的带头人,理应如此处罚他。法律就是这样规定的,天子和天下人应该共同遵守。如今若是因为他惊扰的是陛下您的车驾,我就加重处罚他,这样法律就不能取信于民。如果我有偏心,那么天下的执法者以后都会随意地将刑罚加重或者减轻,百姓们面对可以随意更改的法令岂不是会手足无措?还望陛下明察。"

汉文帝听完后,立马消气了,还欣赏地说:"廷尉的判决是对的。"

张释之做廷尉时,当时的人经常说这样一句话:"张释之为廷尉,天下无冤民。"而张释之这样刚正不阿的廷尉能够大展拳脚,也是因为有汉文帝这样一位明白事理、虚怀纳谏的皇帝。

重视农业

汉文帝登基时,多年的战乱导致社会经济凋敝,百姓们疲惫不堪,汉文帝便采取"轻徭薄赋""与民休息"的政策,重视发展农业。

汉文帝曾说："农业是国家的根本，应该开辟籍田，我要亲自带头耕种供给宗庙祭祀用的谷物。"

为了鼓励人们从事农业生产，汉文帝在公元前178年和公元前168年，曾两次下令"除田租税之半"，即租率由十五税一减为三十税一。后来，三十税一成为汉代田税定制，即农民把一年收成中的三十分之一上交国库。

为了让百姓有充足的时间从事农业生产，汉文帝还将成年男子的徭役减为每三年服役一次。

有一年，天下大旱，蝗虫为害。汉文帝对全国施加恩惠，让诸侯不用向朝廷进贡，解除国家对山林湖泽的禁令，让百姓可以自由进入捕捞采伐。同时减少皇帝自身的服饰、车驾、狗马等各项开销，裁减皇帝身边侍从官员的名额，散发仓库的粮食赈济贫民，允许有爵位的穷人拿手里的爵位换钱。

提倡节俭

汉文帝提倡勤俭节约，且以身作则。

他在位的二十三年间，宫室、苑囿、狗马、服饰、车驾都没有增加过，发现有对百姓不便的禁令，就立刻取消，以方便百姓。他下诏各个地方不准进贡绸缎等奢侈物品，禁止地方官员私自购买黄金珠玉，否则以盗窃论罪。

有一年，汉文帝想要修建一个露台，大臣们说建造这个露台需要一百金，汉文帝立马就放弃了这个想法。他说："一百金相当于十户中等人家家产的总和，我继承了先帝奢华的宫室，已经感到十分过意不去了，怎么还能花费一百金来建造一个露台呢？"

他经常穿着简朴的粗布厚衣，他的宠姬也不许穿拖到地面的华贵衣服，帷

帐不可以织纹绣锦，为的是给天下人做表率。

通过汉文帝的治理，汉朝的社会经济得到了蓬勃发展，百姓们得以休养生息，过上了相对安稳的生活。汉朝的国力也日益强盛，最终迎来了"文景盛世"的精彩篇章。

《史记》原典精选

孝文帝从代来，即位二十三年，宫室苑囿①狗马服御无所增益，有不便②，辄弛以利民。尝欲作露台③，召匠计之，直④百金。上曰："百金，中民十家之产，吾奉先帝宫室，常恐羞之，何以台为！"

——节选自《孝文本纪第十》

【注释】

❶ 苑囿：古代畜养禽兽、种植林木，以供皇帝、贵族游玩打猎的园林风景区。
❷ 不便：指对百姓不便利的事情。
❸ 露台：高台。《集解》引徐广曰："露，一作'灵'。" ❹ 直：同"值"。

【译文】

孝文帝从代国来到京城，即位二十三年，宫室、园林、狗马、服饰、车驾，等等，什么都没有增加。但凡有对百姓不便的事情，就予以废止，以便利民众。文帝曾打算建造一座高台，召来工匠一计算，造价要值上百斤黄金。文帝说："百斤黄金相当于十户中等人家的产业，我承受了先帝留下来的宫室，时常担心有辱于先帝，还建造高台干什么呢？"

廷尉

汉文帝时期，张释之担任的廷尉是一个怎样的官职呢？

廷尉，是中国古代司法审判机构的官职名，位列九卿，为中央最高司法审判机构的长官，主管诏狱和修订律令的有关事宜。这个官职称谓最早由战国时期的秦国设置，秦朝、汉朝沿用了这个称谓。到了魏晋南北朝时期，北齐将廷尉改为"大理寺卿"，隋唐以后沿用。

"大理寺卿"这个称谓我们是不是就很熟悉了呢？

驻军细柳：治军严明的周亚夫

人　　物：周亚夫
别　　称：条侯
生 卒 年：？—公元前143年
出 生 地：沛郡丰县（今江苏省徐州市丰县）
历史地位：周勃的次子，汉朝时期名将、军事家

公元前169年，在诸吕之乱中立下头等功劳的周勃去世，谥号为武侯。

周勃有三个儿子，长子周胜之、次子周亚夫、三子周坚。周勃去世后，他的长子周胜之继承了侯位。

而此时，他的次子周亚夫在河内担任郡守。

河内当地有个老妇人名叫许负，擅长帮人看相。某次，周亚夫就邀请许负来到自己的府中帮自己看相。

许负看完相后对他说："看大人您的面相，三年之后就会被封侯。封侯八年后就会担任将相要职，执掌国家大权。到那时，您的地位尊贵至极，朝臣再没有第二个人能与您相比。但之后再过九年，您将会被饿死。"

周亚夫听完哈哈大笑，根本不信，他说："我的长兄已经接替了父亲的侯爵，日后就算他死了，爵位也将由他的儿子接替，又怎么轮得上我封侯呢？再说了，如果我真是像你所说的那样，会封侯拜相尊贵到了极点，又怎么会被饿死呢？"

但是，过了三年，周亚夫的大哥周胜之就因为犯下了杀人的罪过，而被剥夺了爵位和封地。汉文帝要在周勃的儿子中找一个贤明的继承爵位，大家都推举周亚夫，周亚夫就这样继承了绛侯爵位，改封条侯。

霸上、棘门劳军

公元前158年，也就是汉文帝二十二年，匈奴大举进犯汉朝北部边境，汉文帝急忙调边关守将抵御外敌。

为了警卫都城，汉文帝还调了三路大军到长安附近驻扎，以防备匈奴入侵都城。

其中，宗正刘礼率军驻扎在霸上，祝兹侯徐厉率军驻扎在棘门，而被调到细柳驻扎的正是河内郡郡守周亚夫。

为了鼓舞士气，汉文帝决定亲自到这三路军营中去慰劳将士们。因为想看看他们日常的真实状态，汉文帝并没有提前通知。

当他到达霸上和棘门两处军营时,看到的情形是这样的:

守卫军营大门的士兵们一见到汉文帝的车驾到来,都是直接放行,让汉文帝的车驾长驱直入。这两处地方的主将一见到汉文帝,都慌慌张张地跪地俯首迎接汉文帝。汉文帝离开时,更是率领全军将士一起将汉文帝送到军营外。

与众不同的细柳营

接着,汉文帝又来到周亚夫驻守的细柳军营。汉文帝原本以为之前的情形又要重演一遍,没想到这细柳军营却大为不同。

军中的士兵们都身披甲胄,刀出鞘、弓上弦,一副紧张戒备的状态。替汉文帝探路的先驱部队抵达军营门口时,直接被拦了下来,不予放行。

先驱部队的管事对守门士兵喊话说:"皇帝的御驾马上就要到了,快开营门!"

把守营门的都尉却说:"恕我们不能放行。我们的将军曾下过命令,'在军营中只能听从将军的命令,而不必听从皇帝的诏令'。"

又过了一会儿,汉文帝的车驾到了军营门前,守门士兵依然拦着他们不准入内。

于是,汉文帝派随行的使者拿着符节进入军营通知周亚夫,说:"皇帝要进入军营慰劳军队。"

周亚夫这才下令,让看守营门的士兵放行。

但守门的士兵还不忘严肃地提醒汉文帝的随从们说:"将军有规定:军营之中不许车马急驰飞跑。"

汉文帝听到后,下令让随从们照办。车夫小心控制着缰绳,让马车缓步前进。

进入营门后,将军周亚夫手拿兵器站在营帐前,对汉文帝拱手行了一个军礼,说:"陛下恕罪,我等将士盔甲在身,不方便行跪拜礼,还请允许我等用军中的礼仪来拜见陛下。"

汉文帝很受感动,他严肃地站起来,欠下身向军中的将士们回礼。

举行慰劳仪式时,细柳军营中依旧井然有序、戒备森严,无人擅离职守。

慰劳结束后,汉文帝的车驾再次缓步驶出军营,随行的大臣们都还惊魂未定,对汉文帝受到如此怠慢愤愤不平。

汉文帝却十分感慨地对大臣们说:"这才是真正的将军啊!之前去

霸上和棘门两座军营所看到的情况，让我感觉他们全军上下都把驻军这件事当成儿戏一般。如果有敌人来偷袭，我估计他们连同将军都要一起被俘虏了。但是像周亚夫这样的，敌人怎么可能偷袭得了他呢？"

这件事被汉文帝称赞了许久。匈奴人的威胁解除后，三支驻军全部撤去，汉文帝将周亚夫调任为中尉，掌管都城长安的治安。

再后来，汉文帝临终之际，告诫太子说："如果日后国家遇到危急的情况，周亚夫是能够担当起领兵重任的人选。"

汉文帝去世之后，汉景帝便任命周亚夫为车骑将军。公元前154年，吴、楚等七国发动叛乱，周亚夫以太尉的身份率军平乱，维护了大汉王朝统一安定的政治局面。

《史记》原典精选

至霸上及棘门军，直驰入，将以下骑送迎。已而之细柳军，军士吏被甲，锐兵刃，彀^①弓弩，持满^②。天子先驱至，不得入。先驱曰："天子且至！"军门都尉曰："将军令曰'军中闻将军令，不闻天子之诏'。"

——节选自《绛侯周勃世家第二十七》

【注释】

❶彀：把弓弩张开、张满。　❷持满：把弓弦拉满。

【译文】

到了霸上和棘门的军营，一直奔驰进入，从将军到下属官兵都骑马迎送。之后到达细柳军营，军中官兵都披挂铠甲，兵刃锐利，弓弩张开，弓弦拉满。天子的前导来到军营，不能进入。前导说："天子就要到了！"军门都尉说："我们将军命令说'在军中只能听将军的命令，不听天子的诏令'。"

古代第一女神相

文章中为周亚夫相面的许负，是一个非常传奇的女子。相传，许负通晓古今，能预知未来，曾被汉高帝刘邦封为鸣雌亭侯，有"古代第一女神相"之称。

她关于周亚夫的预言，皆一一得到应验。周亚夫平定七国之乱后不久，就被任命为丞相，地位尊贵至极。但后来他又因为受儿子牵连，被关押进廷尉府，最后绝食而亡。

21 七国之乱：汉景帝的一场豪赌

人　　物：刘启
别　　称：汉景帝
生 卒 年：公元前 188 年—公元前 141 年
出 生 地：代国中都县（今山西省晋中市平遥县）
历史地位：汉朝第六位皇帝，延续了汉文帝时期的德政，
　　　　　为汉武帝盛世奠定了基础

人物小传

公元前 157 年，汉文帝在未央宫去世，太子刘启即位，是为汉景帝，他的祖母薄氏被尊为太皇太后，母亲窦氏被尊为皇太后。

汉景帝刘启在位期间，继续践行他父亲汉文帝时期"黄老无为""与民休息"的政策，使社会经济得到稳定发展，百姓生活富足，他们父子二人统治的时期，被后世的史学家合称为"文景之治"。

吴王私怨

刘启在位期间，最大的危机就是"七国之乱"。而带头发动叛乱的不是别人，正是刘启的堂叔父——吴王刘濞（bì）。

说起吴王刘濞，他是汉高祖刘邦的二哥刘仲的儿子，和汉景帝刘启之前还有一些私人恩怨。

这就要追溯到汉文帝还在位的时候了。当时吴国的王太子入朝觐见，时常陪着还是皇太子的刘启喝酒、下棋。这本来也是一桩美事，但坏就坏在吴国王太子在吴国封地已经骄纵惯了，如今进宫陪皇太子，一时半会儿也改不了脾气。

某一次，吴国王太子和刘启下棋的时候，因为一点小事就闹得很不愉快，两人争得面红耳赤。吴国王太子态度轻佻且不恭敬，刘启一时气急，拿起棋盘就砸向了他，当场就将吴国王太子砸死了。

刘濞从此产生怨恨，再也不遵守诸侯应有的礼仪，每逢诸侯进京朝见天子时，他都称病不去。

汉文帝派人去查证，发现刘濞是装病，就拘留了吴国的使者。刘濞害怕了，又连忙派使者去服软赔罪。汉文帝念他是因为丧子之痛，就赦免了他的罪责。

但叛乱的种子已经埋下，刘濞自此忍气吞声，心里暗暗发誓，一定要找机会报仇雪恨。

晁（cháo）错削藩

其实，不只是刘濞，早在汉文帝在位时期，许多诸侯王就已经很不安分了。

汉文帝以汉高祖庶子的身份继承大统，地位本来就不是很稳固，而汉初所封的刘姓诸侯王，经过两三代的更迭，与汉文帝的血统关系逐渐疏远。汉文帝三年（公元前177年），济北王刘兴居就曾趁着汉文帝北击匈奴之际起兵叛乱。汉文帝六年（公元前174年），淮南王刘长也曾发动谋反。地方王国和中央政权的矛盾越来越深了。

到了汉景帝时期，刘濞作为当时地方上实力最为强大的诸侯，野心很大，且他对朝廷素来心怀怨恨，所以一直在暗中寻找机会图谋叛乱。

但真正让他决定发起叛乱的导火索，则是汉景帝采用御史大夫晁错的"削藩"建议，强行削夺诸侯王的封地。

那么，这个晁错是谁呢，"削藩"又是怎么一回事呢？

在刘启还是太子的时候，晁错就已经是太子智囊团中的一员了。后来刘启即位后，晁错的官职接连升迁，从内史到御史大夫，位列三公之一。

汉景帝十分信任晁错，经常采纳他的意见，当时国家的许多法令都因为晁错而做了修改。大臣们都看不惯他，却又拿他没有办法。

晁错被提升为御史大夫后不久，就向汉景帝上书《削藩策》，提议削藩。即通过查处诸侯们的罪过，削减他们的领地，收回他们代管的一些旁郡。

汉景帝因为诸侯不服管教已经头疼很久了，当即采纳了这个提议。

楚王刘戊、赵王刘遂、胶西王刘昂都因此受罚，在朝野引起了很大震动。吴王刘濞担心马上就削到自己头上了，干脆串通其他诸侯一起谋反。

公元前154年，也就是汉景帝三年，吴王刘濞串通了楚、赵、胶西、胶东、淄川、济南六国诸侯王，以"诛晁错，清君侧"的名义联合发动叛乱，史称"七国之乱"。

叛军来势汹汹，汉景帝十分惶恐。

晁错平时树敌很多，其中就有一个名叫袁盎的。等七国叛乱的消息一传到都城，袁盎便抓住了叛军口号中的"诛晁错"，连夜求见窦太后的侄子——大将军窦婴，向他陈述了吴王刘濞叛乱的原因，并说自己有办法平息叛乱。

窦婴于是进宫，请求汉景帝召见袁盎。

然而，当袁盎被召见进殿后，才发现自己的冤家对头晁错居然也在，袁盎便说："请陛下让其他人回避。"

等到晁错离开后，袁盎这才说："陛下，吴、楚叛乱的原因都在于晁错啊！他们用'清君侧'的名义造反，一起向西进攻，就是为了让您诛杀晁错。现在情况危急,只有马上杀掉晁错,平息吴王的怒火,再派出使者赦免七国的罪过,恢复他们被削减的封地,才能让叛军撤退。"

汉景帝沉默良久,决定牺牲晁错以换取诸侯退兵。他封袁盎为太常,要他秘密准备行装,出使吴国。

袁盎献策十多天后,丞相、中尉、廷尉联名上书,弹劾晁错,提议将"罪魁祸首"晁错满门抄斩。

汉景帝批准了这道奏章,然而此时的晁错还毫不知情。中尉带着诏书到晁错家中,骗晁错说要上朝议事。等马车经过东市的时候,中尉叫停了车子,向晁错宣读诏书,就地诛杀了晁错。

袁盎将汉景帝已经诛杀晁错的消息转告吴王刘濞,并要求刘濞撤兵。

然而,刘濞并不打算罢兵,对待袁盎更是张狂无礼,他大笑着对要求他跪下接诏书的袁盎说:"我已经成为东帝,还要跪拜谁吗?"

他非但拒绝接诏书,还将袁盎扣留在军中,胁迫他留下为自己所用。袁盎趁着夜晚好不容易才逃出来,赶忙回到朝廷向汉景帝汇报情况。

平定七国之乱

汉景帝这才意识到,叛军所谓"诛晁错,清君侧"的旗号不过是托词,于是下定决心用武力镇压叛乱。

他派太尉周亚夫带领三十六个将军去攻打吴国、楚国;派曲周侯郦寄攻打赵国;派将军栾布攻打齐国;派大将军窦婴屯兵荥阳,监视齐国、赵国的军队。

出征前,周亚夫向汉景帝请示:"楚军一向强悍敏捷,我们与他们硬拼怕是难以获胜。我觉得我们应该暂时放弃梁国，让给叛军去攻击，消耗叛军的锐气。我打算派一路大军抄后路去断他们的粮道，这样才有取胜的可能。"

汉景帝批准了他的计划。

而后，周亚夫把朝廷的各路军队集结在荥阳，修建防御工事，坚守不出。

这时候，梁孝王的梁国正在被吴国军队围攻，形势危急，每天都派遣使者向周亚夫求救，周亚夫都不理会。哪怕后来梁孝王上书向汉景帝告急，汉景帝派人诏令周亚夫出兵救援，周亚夫仍然坚守营垒，拒不出兵。

等吴国的军队被梁国牵制住了主力之后，周亚夫派出一队轻骑前去切断吴、楚叛军后方的粮道运输线。

没多久，吴国军队的粮草补给供应不上了，士兵们开始饿肚子。吴国军队想集中力量突然袭击周亚夫的营地，也被周亚夫提前预料到做好了防范。耗到吴国军队的粮食断绝，他们见一时半会儿攻不下汉军营地，便准备撤退了。

这时，周亚夫马上派遣精兵追赶吴国的军队，吴军大败。

吴王刘濞只好狠心抛弃了大部队，只带着几千名精兵一起逃亡，一直逃到了江南的丹徒县。周亚夫发出千金悬赏，一个月后，吴王刘濞的脑袋就被送到了他的面前。

接着，剩下的六个诸侯王都畏罪自杀，发动叛乱的七国全都被废除，七国之乱就此平定。

七国之乱平定后，刘启趁机将各诸侯国的权力收回中央，诸侯王不再有行政权和司法特权，还裁撤了大批诸侯国的官员。经过这次七国之乱，诸侯割据的问题得到了彻底解决。

"七国之乱"对后续的汉代历史也产生了深远的影响，君主专制的权力被进一步扩大，君主们也更加忌惮诸侯的势力，注意对他们的权力进行压缩。

汉景帝去世后，他的儿子汉武帝将君主专制又大大推进了一步。

《史记》原典精选

吴王濞、楚王戊、赵王遂、胶西王卬、济南王辟光、淄川王贤、胶东王雄渠反，发兵西乡。天子为诛晁错①，遣袁盎谕告，不止，遂西围梁。上乃遣大将军窦婴、太尉周亚夫将兵诛之。

——节选自《孝景本纪第十一》

【注释】

❶ 为诛晁错：为安抚反叛的诸侯王而杀了晁错。

【译文】

吴王刘濞、楚王刘戊、赵王刘遂、胶西王刘卬、济南王刘辟光、淄川王刘贤和胶东王刘雄渠反叛，起兵向西进发。景帝为安抚反叛的诸侯王而杀了晁错，派遣袁盎通告七国，但他们仍不罢兵，继续西进，包围了梁国。景帝于是派了大将军窦婴、太尉周亚夫率军讨伐，平定了叛乱。

吴王刘濞的"发家史"

刘濞因为在平定英布叛乱时立下战功，被刘邦封为吴王。到达吴国之后，刘濞一面安抚治下的百姓，一面招徕流民，开发自然资源。刘濞的封地东边有海，西边的豫章郡有铜矿山，刘濞就组织人在东边煮干海水制盐，在西边开采铜矿，冶铜铸钱。

而在汉景帝时期，官府对这两项生意的政策还比较宽松，是允许私人经营和买卖的。所以，这位有实力掀起"七国之乱"的诸侯王刘濞，就靠着私铸铜钱和贩卖私盐两项一本万利的生意发展了起来。

伍 是非功过自有后人评说

——汉击匈奴,走向强盛

22

奏事东宫：两位太后的外戚干政之路

人　　物：窦太后
别　　称：窦漪房、窦皇后、窦太皇太后
生 卒 年：？—公元前 135 年
出 生 地：清河观津（今河北省衡水市武邑县）
历史地位：汉文帝的皇后，在景帝、武帝时期都干预朝政，
　　　　　对汉朝的政治影响深远

人物小传

　　公元前 141 年，汉景帝病逝，太子刘彻即位，是为汉武帝。汉武帝的生母王皇后成为皇太后，汉景帝的生母窦氏成为太皇太后。

　　此时，以太皇太后窦氏、皇太后王氏为代表的外戚势力在朝中有很大影响力，汉武帝虽然名义上是皇帝，但处理日常政务的时候，却需要"奏事东宫"。也就是说，凡事都得向太皇太后和皇太后请示，自己根本没有自主权。

　　这两位又是什么来历呢？

太皇太后窦氏

窦氏是汉文帝的皇后，汉景帝的生母，名字不详，《史记索隐》中说她的名字叫窦漪房。

她原本是赵国清河郡人，吕雉当太后的时候，从民间选了一批良家女子进宫作为宫女服侍她，后来她又将这批宫女送出宫去，赏给各路诸侯王，而窦漪房就被送到了当时还是代王的刘恒身边。

到达代国之后，代王刘恒十分喜爱窦漪房，还与她生下了一女两子，女儿就是后来的馆陶公主刘嫖，儿子则是后来的汉景帝刘启和梁孝王刘武。

在此期间，刘恒的王后和她生的四位王子相继去世了，等到刘恒登基为帝时，只有窦漪房的长子刘启年纪最大。就这样，刘启被册立为太子，窦漪房跟着被册立为皇后。

汉文帝十分宠爱窦漪房，于是爱屋及乌，厚待窦漪房的娘家人。

窦漪房家中父母早逝，只有两位兄弟，哥哥名叫窦长君，弟弟名叫窦广国。但因为窦家家境贫寒，哥哥窦长君四五岁时就与家人失散了，后来长大后辗转来到长安，听说朝中刚册立的皇后是观津人，姓窦，便上书自陈身世，这才认了亲。

汉文帝听说后，下诏帮皇后寻找失散的弟弟窦广国，窦广国也进宫来认亲，所说旧事全能对得上，窦漪房听得泪如雨下。

自打窦家两个兄弟与窦皇后相认后，汉文帝便分别赏赐给他们许多田地、房屋和金钱，让他们都搬到长安来居住。

这份盛宠让经历过诸吕之乱的老臣周勃和灌婴担心不已，私下里讨论说：

"唉，我们这些人当初没有被吕氏杀死，不承想今天性命又要掌握在这两个人的手中。窦家两兄弟出身低微，得替他们选择良师益友放在身边，好好引导他们，不然吕氏篡权乱政的事情又要重新上演了！"

于是，周勃和灌婴亲自挑选了一批德高望重且操行良好的读书人，安排窦家兄弟与这些人住在一起。时间一长，窦家两兄弟也耳濡目染变成了谦逊有礼的君子，并没有因为他们贵戚的身份就变得傲慢、蛮横。

汉景帝继位后，窦家兄弟的荣宠更胜。汉景帝封舅舅窦广国为章武侯，另一位舅舅窦长君此时已经去世，汉景帝就将他的儿子窦彭祖封为南皮侯。窦家其他子侄也可以入仕。

七国之乱时，窦漪房堂兄弟的儿子窦婴立下大功，也被封为魏其侯。至此，窦氏一门有三人被封为侯。

窦婴成为魏其侯之后，许多游士和宾客都争相投奔他。汉景帝每次上朝议事时，朝中大臣都不敢与立下战功的周亚夫、窦婴平起平坐。

皇太后王氏

王氏是汉景帝的皇后，汉武帝的生母，名字也不详，《史记索隐》中说她的名字叫王娡。

王娡家中和窦漪房不同，她算是名门之后，她的外曾祖父是刘邦时期的诸侯王——燕王臧荼。不过，王娡作为燕王臧荼的后代，并没有享受到多少好处，因为早在她母亲臧儿还小时，臧家就已经家道中落了。

臧儿先是嫁给了一个姓王的平民为妻，生下了几个子女，其中大女儿便是王娡，还有一个儿子名叫王信。后来臧儿又改嫁给了长陵县的田氏，生下了田蚡和田胜。所以王娡与她后来十分倚重的太尉田蚡其实是同母异父的姐弟关系。

臧儿偶然一次找人算命，算命的说她的女儿将来会成为大富大贵的人。臧儿相信了，想尽办法将王娡送进了太子宫中。王娡果然深得宠幸，不久后便生下儿子刘彻。

刘彻从小十分聪明伶俐，深受汉景帝和窦太后的喜爱，汉景帝立长子刘荣为太子时，也将刘彻册立为胶东王。

后来，太子刘荣的生母栗姬犯下错误，惹恼了汉景帝，汉景帝就改立刘彻为太子，王娡跟着当了皇后，王娡同父同母的哥哥王信也被封为盖侯。

等汉武帝刘彻即位后，王娡的另外两个弟弟也被封侯，田蚡为武安侯，田胜为周阳侯。至此，王氏也有三个人被封为侯。

奏事东宫

盖侯王信好酒贪杯，没什么出息。田蚡、田胜比较贪财，且能说会道，擅长钻营。尤其是武安侯田蚡。

窦婴封魏其侯身份显赫的时候，田蚡还是个郎官，他经常来往于窦婴家中，陪侍宴饮、跪拜起立，都如同窦婴的子孙辈一样。

等到汉景帝晚年，刘彻被封为太子，田蚡也显贵起来了，受到宠信，做了太中大夫。田蚡能言善辩，口才很好，学习过《盘盂》之类的书籍，王娡认为他有才能。后来皇太后王娡干涉朝政时期，所采取的政策大多数都出自田蚡和他的门客之手。

刘彻即位时年龄还小，由太皇太后和太后代行皇帝职权，有事必须"奏事东宫"，也就是将国家政务向两位太后汇报。但因为太皇太后窦氏和窦婴在朝中经营的时间比较久，势力也比较强，王太后有时也只得避其锋芒。

但她心里并不甘心，皇太后王氏与太皇太后窦氏之间的权力争夺就开始了。

田蚡一心想当丞相，为了实现这个目标，他就故意装出一副谦恭有礼、礼贤下士的模样，给汉武帝推荐了许多闲在家里没事做的知名人士，让他们出来做官，目的就是想以此来排挤窦婴等在位的元老将相。

后来，丞相卫绾因病免职时，汉武帝真的考虑让田蚡做丞相。

但籍福却劝田蚡："魏其侯已经显贵很久了，天下有才能的人都一心归附他。现在您才刚刚发迹，不能和他相比，就算是陛下要任命您做丞相，您也一定要让给魏其侯。这样您就可以做太尉，还能得到一个让贤的好名声。"

田蚡一听有理，立即将这个意思悄悄地告诉了王太后，王太后又去给汉武帝吹耳边风，汉武帝果然任命窦婴为丞相，田蚡为太尉。

这时，籍福又来到窦婴的家里，他先是向窦婴表示了祝贺，紧接着又劝说窦婴道："您的天性是喜欢好人、憎恨坏人。现在正是因为有好人称赞您，所以您当了丞相。然而您又特别讨厌坏人，而坏人的数目相当多，他们也必然会千方百计地毁谤您。您若是对好人、坏人都能兼容并包，那么您的丞相之位就可以长期地做下去；否则，您很快就会因为坏人的诽谤而被免职。"

窦婴并不听他的建议。

建元新政

窦婴和田蚡也不是什么时候都针锋相对，他们都爱好儒家学说，推荐了儒

生赵绾为御史大夫，王臧担任郎中令，还把鲁国的儒生申培请到长安来，准备设立明堂。

他们下令让列侯们都回到自己的封地上去，想拆除各诸侯国与朝廷领地之间的关禁，按照礼法来制定不同等级的服饰和制度，以此来表现太平盛世的气象。

他们还让人检举窦氏外戚和皇族成员中品德不好的人,开除他们的族籍。

这些改革措施被后世统称为"建元新政"。

但当时许多的外戚都是列侯,已经娶了公主为妻,都不想回到自己的封地去。因为这个缘故,毁谤窦婴和田蚡等人的言语每天都不停地传到窦太皇太后的耳朵里。

窦太皇太后喜欢黄老学说,而窦婴、田蚡、赵绾、王臧等人则努力推崇儒家学说,贬低道家学说,因此窦太皇太后心里很不喜欢窦婴他们这群人。

等到汉武帝建元二年,御史大夫赵绾又建议汉武帝不要把政事禀奏给窦太皇太后。窦太皇太后大怒,狠狠责备了汉武帝,还下令罢免并驱逐了赵绾、

王臧等人，同时还免去了丞相和太尉的职务，窦婴、田蚡从此以列侯的身份闲居家中。

窦婴失去了窦太皇太后的宠信，但田蚡身后还有王太后，天下趋炎附势的人都离开窦婴而归附了田蚡，田蚡也日益骄横起来。

汉武帝刘彻被太皇太后斥责之后，举行的第一次"尊儒"活动被废止，一大批儒家官员被罢免，也让刘彻认识到自己力量的不足。这下，刘彻不再与太皇太后对着干，而是选择韬光养晦，假装沉溺于微服出巡和狩猎活动。

当时大汉边境常年被匈奴骚扰，刘彻便将治国的劲头都用在了对外开拓疆土的准备工作上，如派张骞出使西域、派严助征讨闽越等。

等到建元六年（公元前135年），窦太皇太后逝世，刘彻得以完全掌权。他将太皇太后提拔起来的丞相许昌和御史大夫庄青翟以丧事办得不周到为由免官，重新任用田蚡为丞相，但对窦氏势力则日益疏远起来。

几年后，汉武帝又借灌夫骂座之事处死了窦婴，不久后田蚡也死了。此后，刘彻起用功臣、外戚以外的官吏乃至出身微贱之人为官，彻底摆脱了外戚的掣肘。

《史记》原典精选

窦太后好黄帝、老子言①，帝及太子诸窦不得不读黄帝②、老子，尊其术。

——节选自《外戚世家第十九》

【注释】

① 黄帝、老子言：汉初盛行黄老之学，主要是提倡道家思想中的清静无为。
② 黄帝：指假托黄帝之名的一些著作，多成书于战国时。

【译文】

窦太后爱好黄帝、老子的学说，皇帝、太子以及所有窦氏子弟都不得不读黄帝、老子的著作，尊奉黄老的学术。

玩弄权术的馆陶公主

馆陶公主刘嫖是窦太后的女儿，窦太后的眼睛早些年不幸盲了，一直陪在身边的人就是女儿刘嫖，因而窦太后十分疼爱她。刘嫖仗着母亲的宠爱和弟弟的纵容，出入宫闱，为自己和夫家牟取权力，成了汉宫中一个举足轻重的人物。她甚至可以左右太子的废立。刘嫖想让女儿以后做皇后，就准备把女儿许配给栗姬的儿子刘荣，但是这个提议被栗姬拒绝了。刘嫖十分生气，后来向刘彻的母亲王夫人提议结亲，王夫人同意了。在刘嫖和王夫人的合作下，太子刘荣被废，胶东王刘彻成为新太子。

武帝盛世：勇武大略威震天下

人　　物：刘彻
别　　称：汉武帝
生 卒 年：公元前156年—公元前87年
出 生 地：长安（今陕西省西安市）
历史地位：汉朝的第七位皇帝，杰出的政治家、军事家、战略家、文学家，在位期间以勇武大略震撼天下，成就了中国封建王朝的第一个鼎盛时期

人物小传

公元前135年，太皇太后窦漪房去世，汉武帝开始掌权。

他掌权后的第一件事就是清理窦氏外戚与太皇太后扶持上位的臣子。为此，他将舅舅田蚡仟命为丞相。田蚡得志后，与窦婴纠纷不断。

几年之后，窦婴被处死。没多久，田蚡也病死了。至此，汉武帝刘彻所厌恶的外戚操控朝政的闹剧也就此结束，刘彻得以完全掌权。

之后，刘彻大胆起用功臣、外戚以外的人为官，只要是有才华的人，哪怕是出身微贱，也能有机会做官。主父偃、公孙弘、张汤等人因此陆续进入朝堂。

得益于汉武帝的"不拘一格,唯才是举",汉朝的文武人才层出不穷。在这种有利条件下,汉武帝采取一系列措施:对内加强中央集权和皇权,统一思想;对外北击匈奴,巩固边防,拓展疆域。

文治武功

汉武帝执政五十多年里，文治武功显著，西汉进入鼎盛时期，汉武盛世也是中国封建时代的第一个鼎盛局面。他的执政措施可以从以下几个方面看：

在中央，汉武帝为加强皇权，削弱相权，提拔了一批有才干的人放到自己身边充当近臣，还让身边的近臣参与一些重大问题的决策。这些受皇帝宠信的近臣，便形成了所谓的"中朝"，与以丞相为首的"外朝"相对抗。

在地方上，汉武帝进一步削弱诸侯王的势力。他听从大臣主父偃的提议，颁布《推恩令》，让诸侯王的儿子们都能分到封地，从而让诸侯王的封地越分越小。同时，他还在地方上设刺史，负责监察地方，加强了中央对地方的控制。此外，他将民间的冶铁、煮盐、酿酒等生意收归中央管理，禁止诸侯国铸钱，从而将财政权掌握在中央手中。

在思想上，汉武帝采纳董仲舒"罢黜百家，独尊儒术"的建议，在长安兴办了专门的儒学教育机构——太学，这些措施都为儒学教育在中国古代的特殊地位铺平了道路。在宣扬儒学的同时，汉武帝进行法制改革，用法律和法规来巩固政府的权威和皇权的地位。

在军事上，汉武帝先是平定了南方闽越国的动乱，而后着手以军事手段彻底解决北方匈奴的威胁。汉武帝多次派名将卫青、霍去病等人大规模出击匈奴，收复了河套地区，夺回了河西走廊。漠北之战后，匈奴单于远遁西北，漠南无王庭。

在对匈奴作战的同时，汉武帝还派张骞两次出使西域，采取和平或军事手段使西域诸部臣服，加强了汉朝与西域各部族的联系。

在天文历法上，汉初一直沿用颛顼历，汉武帝太初年间，重新修订《汉历》，施行新历法。

泰山封禅

在开创了一片繁荣昌盛的盛世景象之后，汉武帝越来越觉得自己的功德已经超越了历代的帝王。于是，他决定进行泰山封禅，将自己的功绩上告于天。

公元前110年，也就是元封元年的三月，汉武帝率领着满朝文武浩浩荡荡地东巡，他们此行的目的地就是巍峨壮丽的泰山。

到了泰山后，他派人在山顶立下一块石碑，以纪念这次重要的活动。之后，汉武帝又继续东行，巡游到了海上。

四月，汉武帝返回泰山。他亲自制定了封禅的礼仪：先到梁父山祭祀"地主"神，然后举行封祀礼，在山下的东方建造一个封禅坛，高九尺，下面埋藏着玉牒书。

完成封祀礼后，汉武帝与侍中奉车子侯一起登上泰山，举行登封礼。第二天，他们从岱阴下来，按照祭后土的礼仪，在泰山东北麓的肃然山举行祭祀礼。

封禅仪式结束后，汉武帝在明堂接受群臣的朝贺，并把年号"元鼎"改为"元封"，还把泰山前面的嬴、博二县分割出来，专门用来奉祀泰山，取名为奉高县。

此后，汉武帝又曾五次来到泰山，举行封禅仪式。每一次封禅，都是他对自身功德的肯定。

巫蛊之祸

公元前91年发生的巫蛊之祸,是汉武帝在位后期发生的一次重大政治事件。

汉武帝晚年时,曾住在甘泉宫,他常常睡得不安稳,觉得头疼得厉害,因此怀疑有人在暗中作怪。

近侍江充趁机挑拨说,一定是有大臣和百姓在诅咒的缘故。汉武帝深信不疑,便下令让江充到全国各地去追查此事。江充得到这个机会,趁机捏造证据,打击异己。

江充曾经得罪过太子刘据,他担忧日后太子继位,会刁难自己。于是趁着这次机会捏造证据,陷害太子刘据,说他以巫蛊之术诅咒自己的父亲。

刘据知道这是江充在陷害自己,于是假传圣旨先下手杀了江充。汉武帝听闻后大怒,命令丞相刘屈氂带人去抓捕刘据,双方激战了好几天,刘据不敌,大败逃走。

接着,汉武帝严令各地缉拿太子,走投无路的刘据只好自杀了。消息传回宫中,皇后卫子夫也自杀身亡了。

轮台悔过

汉武帝晚年求仙受挫,又因巫蛊之祸造成太子刘据自杀,种种打击让他心灰意冷,对自己过去的所作所为也颇有悔意。

公元前89年,汉武帝封禅泰山后,对众臣说:"朕自即位以来,干了很多狂妄悖谬的事情,让天下人忧愁劳苦,朕后悔莫及。从今以后,凡是伤害百姓、浪费天下财力的事,全部废止!"

不久后,汉武帝在田千秋的建议下斥退了所有的方士。

回到长安后,桑弘羊请求汉武帝增派劳力到轮台修筑城堡、驻扎军队,汉武帝于是下了一道悔过诏书——《轮台诏》,表明态度。

他说:"前段时间专职衙门上奏,想将百姓的赋税再加三十钱,用作边防费用,这无疑将会增加他们的负担。如今又要派兵到遥远的轮台去屯田垦荒,这不是令百姓更加愁苦吗?目前的要务是禁止严厉残暴的法令,不再增加赋税,只要能维持边防就够了。今后继续以农为本,鼓励百姓养马,并执行养马可以免除赋役的政策。"

由于汉武帝的这道诏书源于轮台屯田,所以历史上称之为"轮台悔过"。

托孤霍光

公元前88年,汉武帝刘彻年近七十,病痛缠身,自觉时日无多,开始安排后事。

他让画工画了一张"周公背成王朝诸侯图"送给霍光,意思是让霍光辅佐他的小儿子刘弗陵做皇帝。

为了防止将来出现后宫干政的状况,汉武帝还狠心处死了刘弗陵的生母钩弋夫人。

公元前87年二月,汉武帝在弥留之际立刘弗陵为皇太子。第二天,霍光、金日磾、上官桀、桑弘羊在汉武帝的卧室病床前接受委托,成为顾命大臣。

几天后,汉武帝驾崩于五柞宫,葬于茂陵。

霍光手持汉武帝遗诏,辅佐皇太子刘弗陵登基称帝,史称汉昭帝。

汉昭帝和他的下一任皇帝——汉宣帝继续执行汉武帝晚年制定的与民休息的政策,因而在西汉中期出现了被后世称颂的"昭宣中兴"局面。

《史记》原典精选

上居甘泉宫①,召画工图画周公负成王也。于是左右群臣知武帝意欲立少子也。后数日,帝谴责钩弋夫人。夫人脱簪珥叩头。帝曰:"引持去,送掖庭②狱!"夫人还顾,帝曰:"趣行,女③不得活!"夫人死云阳宫。

——节选自《外戚世家第十九》

【注释】

❶甘泉宫:秦始皇始建,汉武帝扩建完成的一座宫殿,又名云阳宫。故址在今陕西省淳化县西北。

❷掖庭:原名永巷,是囚禁妃嫔宫女的地方。汉武帝时改为掖庭,并设狱,称掖庭狱。

❸女:同"汝"。

【译文】

皇上住在甘泉宫,召画工画了一幅周公背负成王的画图。于是左右群臣知道武帝想要立小儿子为太子。过了几天,武帝谴责钩弋夫人。夫人摘下发簪耳饰等叩头请罪。武帝说:"把她拉走,送到掖庭狱!"夫人回过头来看着,武帝说:"快走,你活不成了!"夫人死在了云阳宫。

察举制

汉文帝时,开始采用由各地推荐人才的方法,但没有形成固定的制度。汉武帝在位时期,将这种新的选官方法定为制度,这就是察举制。察举制是由各郡国每年向朝廷推举有道德、有才能的人,经过考核,授予官职。有时汉武帝还亲自出题考核他们,如董仲舒就是通过对策而被任用的。通过察举制,西汉王朝选拔了一大批有杰出才能的人。

24 独尊儒术：一次重大的文化转型

人物小传

人　　物：董仲舒
别　　称：董子、董夫子、董生
生 卒 年：公元前 179 年—公元前 104 年
出 生 地：广川（今河北省衡水市景县广川）
历史地位：汉朝思想家、政治家、教育家

上一篇提到，汉武帝十分尊崇儒家礼制，在"奏事东宫"时期，还因为推崇儒学改革与太皇太后窦漪房产生冲突。

汉武帝亲政后，终于可以摆脱禁锢，之前被扼杀的新政，再一次被提上了日程。

此时，汉朝创立已经有六十多年了，天下安定太平，朝中的大臣们都期盼着汉武帝能够举行封禅仪式，修正各种制度，汉武帝便决定招纳天下贤良方正的人，征求治国方略。

董仲舒就是在此时呈上了"天人三策"。

董仲舒其人

董仲舒少时家境殷实，家里藏书很多。而董仲舒自己也十分热爱学习，是个远近闻名的"学痴"。

到了三十岁时，董仲舒便开始招收学生，传授儒家学说。他讲课的时候，课堂上常常挂着帷幔，他在帷幔里头讲课，来听课的学生则隔着帷幔在外面听。很多人跟他学了许多年，甚至没有跟他见过面。但是，这些来听课的学生，有许多后来都得以入朝为官。

因为广招门生，他的声誉也日益扩大，在汉景帝时期，凭借对《春秋》这本著作的钻研，董仲舒被拜为博士，并在家中开班教授《春秋》。

董仲舒课讲得十分精彩，弟子很多，上门求学的人都快要踏破门槛了，董仲舒没有办法一一亲自教学，于是后拜入董仲舒门下的弟子就由早入门的学生负责教授，许多再传弟子想见他一面都很难。董仲舒一门心思地从事教学和研究工作，甚至三年都没有回家看一眼。

他平日里的仪容举止，都十分符合礼仪规矩，学生们都十分敬重他。

最终，董仲舒凭借自己的才能被汉武帝发现。

"天人三策"

汉武帝亲政以后，让各地推荐贤能有才的人，并由他亲自出题考大家，测试他们对于古往今来治国理政道理的一些看法，董仲舒也参加了这场策问。

汉武帝连续对董仲舒发起三次策问，董仲舒一一作答，被称为"天人三策"。

第一次策问,汉武帝问的主要是巩固统治的根本道理;

第二次策问,汉武帝主要是问治理国家的政术;

第三次策问,汉武帝主要是问天人感应的问题。

董仲舒在对策中把儒家思想与治国方略相结合,并取长补短吸收了其他学派的理论,创建了一个以儒学为核心的新的思想体系。他用"天人合一""天人感应""君权天授""三纲五常""春秋大一统"等观点,将君主统治影射到天道上,坚信"天不变,道亦不变",为帝王的统治提供了理论支持。

汉武帝看后甚为欣赏。在董仲舒的建议下,汉武帝下令"罢黜百家,独尊儒术",从而确立了儒家学术思想的主导地位,使儒家思想成为中国社会的正统思想,影响中国长达两千年。

这场汉武帝与董仲舒的精彩对话,不仅成就了一位卓越的皇帝,而且也孕育了一种伟大的思想。

遭到贬谪

然而,就在众人都以为董仲舒从此要一路高升、仕途平坦时,董仲舒却差点被处死。这又是怎么一回事呢?

董仲舒在对策后,被汉武帝派到了江都,担任诸侯国相国,侍奉汉武帝的哥哥——易王刘非。易王刘非喜好武勇,而董仲舒却能以礼义予以纠正,因此易王对他也很敬重。

之前曾提到过,董仲舒对《春秋》很有研究。在任职江都相国期间,他就根据《春秋》里记载的自然灾害变化来推算阴阳交替运行的规律,并用来求雨、止雨。

后来,他在任职期间因为直言劝谏惹怒了汉武帝,被贬为中大夫。他干脆辞官回家专心写作。

恰巧这时,皇家祭祖的两处陵园——辽东高庙、长陵高园殿先后发生火灾,汉武帝十分伤心,穿上素服以示敬畏。

然而,这自然灾害正中了董仲舒擅长的领域,他认为这是宣扬天人感应的大好机会,于是带病起草了一份名为《灾异之记》的奏疏草稿,大意是说:陵庙起火是上天在对汉武帝发火，想以此来劝勉汉武帝。

他这边刚写完草稿，他的同僚主父偃就来到他的家中拜访。主父偃无意中看到了这份"大逆不道"的《灾异之记》，加上对董仲舒嫉妒已久，他便偷走了这份奏疏，直接交给了汉武帝。

汉武帝此时本就因为陵园失火心情不好，如今见董仲舒居然将自然灾害的原因扯到了自己头上，气得当即下令要将董仲舒交给廷尉处死。

幸好，汉武帝惜才，后来又赦免了董仲舒。

经过这件事，董仲舒再也不敢提起灾异之说，还是干回了开班讲学的老本行。

称病辞官

当然，朝中嫉妒董仲舒的同僚远不止主父偃一人，还有一个名叫公孙弘的。

公孙弘和董仲舒一样，也是研究《春秋》的学者，但他所取得的成就不如董仲舒，名气也不如董仲舒，便十分嫉妒董仲舒。

有一次，汉武帝因为胶西王刘瑞处死了好几任国相而头疼，公孙弘便趁机对汉武帝提议说："只有董仲舒适合去做胶西王的相国。"

这位胶西王刘瑞又是什么人呢？

他同样是汉武帝的哥哥，他比刘非更凶残、更蛮横，之前做他相国的人经常一言不合就被他处死了。公孙弘如此推荐董仲舒去做胶西王的相国，他的用意不言而喻。

但庆幸的是，胶西王也是个尊师重道的人，念在董仲舒是当世大儒的分上，对董仲舒还算尊重。

董仲舒每天侍奉在刘瑞左右，提心吊胆、寝食难安，只待了四年，便称病辞官，要告老还乡。

董仲舒晚年对什么事情都不过问，只是一门心思地从事学问研究，著书立说，直到去世。

虽然他晚年无官无职，但当朝廷面临重大问题时，汉武帝仍然会派人去他的住所咨询，董仲舒每次都有很明确的看法。后来，张汤把询问董仲舒的部分资料整理为《春秋决狱》一书。

董仲舒是汉代儒家学派的代表人物，然而他所提倡的"孔子之术"与原来的孔子学说已经相差甚远。董仲舒所提倡的儒家学说，吸收了墨、道、名、法、阴阳等各家学说的精华，是董仲舒心目中的"孔子之术"。这就像一次重大的文化转型，吸收了各种文化的元素，创造出了全新的文化形态，引领了当时的思想潮流。

《史记》原典精选

董仲舒为人廉直。是时方外攘①四夷②，公孙弘治《春秋》不如董仲舒，而弘希世③用事，位至公卿。董仲舒以弘为从谀④。弘疾之，乃言上曰："独董仲舒可使相胶西王。"胶西王素闻董仲舒有行，亦善待之。

——节选自《儒林列传第六十一》

【注释】

① 攘：排除。　② 四夷：此处泛指四方边境内外的少数民族。
③ 希世：迎合世俗。　④ 从谀：逢迎奉承。

【译文】

董仲舒为人廉洁正直。这一时期朝廷正用兵向外排除四方边境内外少数民族的侵扰，公孙弘研究《春秋》成就不及董仲舒，但是他行事善于迎合世俗，因此能身居高位做了公卿大臣。董仲舒认为公孙弘为人阿谀逢迎。公孙弘憎恨他，就对皇上说："只有董仲舒可以担当胶西王的国相。"胶西王为人狠毒暴戾，但是一向听说董仲舒有美德，也能很好地礼遇他。

下马陵

董仲舒去世后，被葬在都城长安的西郊。据说，有一次，汉武帝从他的墓园附近经过，出于对一代鸿儒的敬爱与尊重，在距离墓园还有三十丈远的地方，汉武帝就翻身下马，步行而过。随行的大臣和护卫们也都跟着汉武帝步行而过。从那时起，董仲舒墓园周围的那块土地，就被人们称作"下马陵"。而且，那里后来还形成了一种规矩：过往的官员、儒生，一律要在三十丈之外下马，步行而过。因为在陕西方言中，"下马"和"虾蟆"听起来很相似，所以下马陵又名虾蟆陵。

25 张骞出使西域：丝绸之路的开拓者

人　　物：张骞
别　　称：张子文、博望侯
生 卒 年：约公元前164年—公元前114年
出 生 地：汉中郡城固（今陕西省汉中市城固县）
历史地位：杰出的外交家、探险家，丝绸之路开拓者

人物小传

　　汉王朝的统治者在同匈奴斗争的过程中，逐渐认识到西域的重要性。特别是汉武帝即位后，从匈奴降人的口中得知，西迁的大月氏正在寻找机会找匈奴人报世仇，但一直苦于没有帮手，他便决定派人去沟通与西域的联系，联合大月氏，夹击匈奴。

　　公元前139年，汉武帝在朝廷内外公开招募一位使者，出使西域寻找大月氏。张骞听闻后，以郎官的身份应募前往。他从长安出发，率领着一百多人，勇敢地踏上了西行的漫漫长路。这可真是一次勇敢的探索！

第一次出使西域

大月氏是什么地方呢？汉武帝为什么会突然招募使者前往大月氏呢？

大月氏是公元前2世纪生活在中亚地区的游牧部族，与匈奴之间没完没了地打仗，两个部族的摩擦可不少。大月氏的百姓们不定居，带着他们养的牛羊马儿一起迁徙，逐水草而居，过着游牧的生活，和匈奴人的风俗基本相同。大月氏原本也是一个十分强大的部族，在与匈奴的战争中经常能获胜，可自从冒顿成了匈奴首领后，一切都变了。

当时，匈奴人与大汉边境的战火也不断。有一次，汉军俘虏了一批匈奴人，被俘虏的匈奴人向汉武帝透露了一个惊天消息：匈奴人不久前刚将月氏打败，还杀掉了月氏首领，剩下的月氏人只能一路逃亡，逃到了很远的地方去。他们心中一定对匈奴非常怨恨，但是他们实力弱小，又没有人会帮他们，他们无法与匈奴人对抗。

汉武帝听他们这么说，心里突然就有了一个想法：我何不派使者前往月氏，联合他们一起对抗匈奴人？

于是就有了张骞的这次出使。

张骞出发之前就已经预料到了，此次前往月氏的路上需要经过匈奴人的地盘，一定会十分凶险。

但他万万没有想到，他在堂邑侯家一个名叫甘父的匈奴奴隶的带领下，才刚离开大汉国境没多久，就被匈奴的士兵们抓住了，还一直送到了匈奴首领冒顿单于那里。

张骞原本还想挣扎一下，说："我是大汉天子委派出使月氏的使者，请单于放我过去。"

然而,冒顿单于轻蔑一笑,说:"月氏在我们的北面,汉朝怎么能派使者去拜访月氏呢?我还想派人出使越国呢,汉朝也能放任我这么做吗?"

言下之意,匈奴人绝不会允许汉人横跨匈奴人的地盘去联系月氏,就像大汉不会允许匈奴人横跨整个大汉的地盘去和越国交好一样。

冒顿单于将张骞一行人都扣押下来,这一扣押就是十几年。

其间,匈奴人试图用给他娶妻生子来动摇张骞出使月氏的决心,但张骞却一直好好地保存着汉朝的符节，心中也始终记挂着从长安出发时的初心，没有动摇过为大汉出使月氏的意志。

随着张骞在匈奴居住得越来越久，匈奴人对他的监管也逐渐松懈。终于，张骞等到了一个逃脱的机会，他带着仅剩的几个随从成功逃出了匈奴。

张骞一行人一路向西逃跑，跑了几十天，终于来到了一个之前中原人从未听说过的新部族——大宛。

但大宛首领却对汉朝早有耳闻，他早就听说汉朝是一个物产丰富、生活富庶的地方，也一直想与汉朝有来往。但因为中间隔着匈奴而一直找不到机会，如今汉朝的使臣张骞不请自来，大宛首领十分高兴。

大宛首领问他："你要到哪里去？"

张骞回答说："我受汉朝的派遣，要去出使月氏，谁承想在半路上被匈奴人抓到，扣押了十几年。如今我费尽九牛二虎之力才逃到这里，希望您可以派人送我过去，为我在西域指路。若我能顺利到达月氏完成使命，等我回了汉朝，汉朝的皇帝一定会给您送来数不清的宝物感谢您！"

大宛首领同意了张骞的请求，给张骞一行人安排了熟悉地形的向导和翻译，护送他们前往康居。张骞到达康居后，康居首领又将他们辗转护送到了月氏人的地盘。

原来的月氏首领被匈奴杀死后，月氏人便拥立了月氏首领的儿子为新首领，他们一路向西，征服了大夏，在大夏的土地上安了家。

他们的新家园土地肥沃、物产丰富，而且距离匈奴很遥远，不用担心有什么人来侵扰他们。月氏百姓们过上了安稳日子，已经不想找匈奴人复仇了。

再加上他们觉得汉朝距离月氏实在太远了，就算联合起来攻击匈奴，万一月氏遇到危险，汉朝一时半会儿也无法赶过来帮忙。

张骞带着汉朝的使命而来，自然不愿意轻易放弃，他在月氏逗留了一年多，想尽办法想说服月氏人，可惜最终还是没能说动他们。张骞只好无奈地打道回府了。

回大汉的路上，张骞想要避开匈奴人的势力，于是他沿着南边的大山往东走，准备穿过羌人的地盘回到长安。

但不幸的是，他们很快又被匈奴人抓住了。

这一次，他在匈奴被扣押了一年多，直到老单于去世，匈奴内部为了争夺新单于的位子发生内乱，张骞才再次找到逃走的机会。和张骞一起逃走的还有张骞在匈奴的妻子和为他带路的匈奴奴隶甘父。

回到汉朝后，张骞将自己出使西域的见闻如数禀报给了汉武帝，十三年间，他亲自去过的地方有大宛、大月氏、大夏、康居等地，并从当地人那里打听到周围许多部族的情况，让汉武帝对西域各部的情况有了初步的了解。

汉武帝任命张骞为太中大夫，甘父为奉使君，以此来表彰他们的功绩。

自公元前139年从长安出发，到公元前126年回到长安，张骞这趟西域之旅历时十三年。出发时张骞带着一百多人，回来时仅剩下张骞和甘父二人。这是一趟艰苦卓绝的西域之旅。

虽然这次西行没有达到联合大月氏夹击匈奴的目的，但张骞带回了大量有关西域的资料，打通了东西方文化交流通道，意义重大。

随军出征

公元前 123 年,张骞以校尉的身份跟随大将军卫青一起讨伐匈奴,因为他熟悉西域的路线,知道哪里有水源与草场,对军队行军大有裨益。

回来后,汉武帝觉得张骞随军远赴西域,抗击匈奴,功勋卓著,便取"博广瞻望"之意,封张骞为博望侯。

公元前 121 年，张骞又以卫尉的身份随李广一道出右北平，讨伐匈奴。结果李广的部队被匈奴人包围，张骞的救援未能按期到达，致使汉军损失惨重。张骞论罪当斩，后来他花钱赎罪并以侯位相抵，变成平民。也是在这一年，骠骑将军霍去病击败了匈奴西部几万人，一直追到祁连山。

第二次出使西域

汉武帝曾多次向张骞询问西域诸部的情况，失去侯爵的张骞趁机对汉武帝说："西边的乌孙等部族并不完全听命于匈奴，现在匈奴单于刚刚被汉朝打败，不如趁这个时机去拉拢乌孙，让他们向东移动，和我们汉朝结兄弟之好，一起对付匈奴。乌孙一旦和我们结成联盟，就等于断了匈奴的右臂，乌孙以西的大夏等部族也可以招引来做我们的外臣。"

汉武帝觉得他说得很有道理，于是就封张骞为中郎将，让他第二次出使西域。

公元前 119 年，张骞率领着三百人从长安出发，每人携带了两匹马，还带了几万只牛羊以及大量昂贵的金银布帛。

此次出使目的：一方面是说服与匈奴有矛盾的西域强大部族乌孙向东移动，与大汉结盟，以此来削弱匈奴实力；另一方面也是为了劝说西域各部与大汉往来，成为汉王朝的外臣。张骞的出使团队中还随行了许多手持旌节的副使，方便张骞在半道上随时派遣他们去别的部族。

然而，张骞抵达乌孙的时候，恰逢乌孙内乱，势力一分为三，他们的首领也老了，不了解汉朝的虚实，不愿意冒风险。再加上他们臣服于匈奴的时间太久，与匈奴的距离又很近，大臣们都很惧怕匈奴，不愿搬迁。张骞出使的目的之一没能实现。

不过，目的之二的达成却十分顺利，张骞的副使们分别拜访了大宛、康居、大月氏、大夏、安息、身毒、于阗、扜罙（yū mí）以及旁边的几个部族，增进了中原与西域各部之间的关系。

乌孙虽然不愿意向东迁徙，但还是派出了几十个使者，跟随张骞一起回到都城长安向汉武帝表示感谢。

张骞回到长安后，汉武帝特意封他为大行令，位列九卿。一年后，张骞去世。

但是张骞的影响并没有就此停止。那些与张骞一同来到汉朝的乌孙使者，见识了大汉朝地大物博、人多富庶的繁华盛况，回去后就汇报给了乌孙首领，乌孙从此开始重视与中原的联系。

在这之后的一年多时间里，张骞派到大夏等部族去的副使们也都带着所去部族的使者相继回到了中原，从此中原和西域各部经常互派使者往来，双方的贸易也由此发展起来，出现了"商胡贩客，日款于塞下"的繁荣景象。

因为这条路是张骞首先打通的，所以往后凡是到西域那些部族出使的使者，都自称"博望侯"，用他的名声来获取那些部族的信任，而西域各部也确实因此信任这些汉朝来的使者，"博望侯"的名声在这条道路上越来越响亮。

张骞的一生曾两次出使西域，开辟了中原与西域各部沟通往来的道路，被誉为"第一个睁开眼睛看世界的中国人"。司马迁称赞张骞出使西域为"凿空"，意思是"开通大道"。自张骞以后，中原与西域的关系日益密切，往来不断，政治、经济、文化交流频繁。张骞对从中原通往西域的丝绸之路所做出的贡献，永远为世人所称道。

《史记》原典精选

骞以郎应募,使①月氏,与堂邑氏②(故)胡奴甘父俱出陇西。经匈奴,匈奴得之,传诣③单于。单于留之,曰:"月氏在吾北,汉何以得往使?吾欲使越,汉肯听我乎?"留骞十余岁,与妻,有子,然骞持汉节④不失。

——节选自《大宛列传第六十三》

【注释】

❶ 使:出使。 ❷ 堂邑氏:姓。 ❸ 传诣:转送到,移送到。诣,到……去。
❹ 节:符节,使者的凭信物。

【译文】

张骞以郎官身份应招,出使月氏,和堂邑氏人原来的匈奴奴隶甘父一同从陇西出境,经过匈奴时,被匈奴抓到,又移送给单于。单于留住张骞,说:"月氏在我们北边,汉朝怎能派使者前去呢?我们要是想派使者去南越,汉朝能允许我们吗?"匈奴扣留张骞十余年,给他娶了妻子,生了孩子,但是张骞一直保持着汉朝使者的符节,没有丢失。

丝绸之路

张骞出使西域,虽然最初是出于军事目的,但这条通往西域的道路开通以后,它的影响远远超出了军事范围。从西汉时期的都城长安到敦煌,出玉门关进入新疆,再从新疆连接中亚、西亚、东欧,正式形成了一条横贯亚欧大陆的陆上贸易线——丝绸之路。

丝绸是这条通道上最具代表性的货物,因而得名。在人类历史的舞台上,丝绸之路的出现有着举足轻重的地位,是东西方文化交融的黄金通道。

26 主父偃上推恩令：千古第一阳谋

人　　物：主父偃
生 卒 年：？—公元前126年
出 生 地：临淄（今山东省淄博市临淄区）
历史地位：汉武帝时期的大臣

人物小传

　　西汉自开国以来，诸侯王势力过大，一直是影响中央集权的主要隐患。汉文帝、汉景帝、汉武帝三代帝王在位期间，都曾进行过"削藩"，试图削弱诸侯王的势力，加强中央集权。

　　同样是削藩，汉文帝时贾谊的削藩提议直接没有被采用，汉景帝时晁错的《削藩策》失败了，汉武帝时主父偃的《推恩令》却成功了，这是为什么呢？

主父偃其人

　　主父偃是齐国人，他早些年学习的是纵横家的学说，到了晚年才开始学习《周易》《春秋》以及诸子百家之言。

主父偃这个人有一个特点,那就是人缘极差。

差到了什么程度呢?他曾经在齐国游学,那些读书人都对他避之唯恐不及,没有一个愿意与他做朋友的,后来更是齐心协力一起排挤主父偃。

主父偃在齐国待不下去了,只好离开齐国往北走。但奇怪的是,他一路上去到燕国、赵国、中山国等地方继续游学,无论他去到哪个地方,当地的读书人都很讨厌他,从未给过他礼待。他走到哪儿都不受欢迎。

最终,主父偃大概也想通了,既然那些诸侯国的读书人都不待见他,那他干脆就放弃了游学的心。求学不成,那就入仕吧。

他向西进入函谷关,求见将军卫青。

主父偃当时是这样想的:卫青是汉武帝身边卫夫人的弟弟,若想要在朝中谋个出路,最快捷、最直接的办法之一,就是让卫青举荐自己。

但令主父偃没想到的是,卫青虽然如他所愿,多次在汉武帝面前举荐他,汉武帝却一直都没有召见他。

这下,主父偃只好在长安住下,但他家中贫寒,此次携带的钱财很少,长安的达官贵人以及他们的宾客都不待见他,慢慢地,他在长安的生活到了举步维艰的地步。

冒险上书

于是,主父偃决定破釜沉舟,选择了一条有点冒险的路,那就是直接到宫门前上书给汉武帝。

幸好,这次的计划很成功,他早晨呈上奏疏,汉武帝傍晚便召见了他。

之所以这么快,是因为他呈上的奏疏中,阐述了九件事,其中有八件是有关法律条令的事，还有一件则是劝阻汉武帝讨伐匈奴。他在奏疏中是这样说的：

> 我不愿为了免于受罚而将自己的一片忠心隐藏，如今我进献自己愚蠢的计策，希望陛下能赦免我的罪过，并且稍微考虑一下我的建议。
>
> 《司马法》上说："一个国家不管多么强大，若它的国君喜好战争，就必定会灭亡；一个国家不管多么太平，若它对战争毫无防备，就必定有危险。"
>
> 所以，就算天下太平，英明的国君也还是会经常进行军事演练，不忘战争。
>
> 但对于国君来说，动怒、兵器、争斗这些都不是好东西。古时候的君主一旦动怒，就必定会有人死亡，尸横遍野。如果君主圣明，就会很慎重地对待战争，不争一朝一夕的胜负。凡是一心用在战争上的人，最后就没有不后悔的。
>
> 秦始皇时期，他不听李斯的劝阻，让蒙恬率领军队北击匈奴。虽然开拓了千里疆土，将国界一直拓宽到黄河边上，但开辟出来的都是盐碱地，不能种植庄稼，还要为了驻守那片荒野之地，从全天下征调成年男子去驻守。栉风沐雨，劳师动众十几年，死伤者不计其数，却并不能再往北方发展一步。这都是因为自然地理条件不允许。那里不能种出粮食，为了戍守北部边境，需要从其他地方运送粮草过去。全国的百姓们耕种的稻田、织成的布匹都不足以满足军队粮食、营帐的需求，百姓们被折腾得疲惫不堪，老弱病残之人无人看护，天下人的反秦之心就是这样一天天酝酿起来的。

再说本朝高祖时期，他平定了北方诸侯王叛乱之后，听说匈奴人正驻扎在代谷一带，就想乘势一并消灭他们。也有大臣劝说高祖，说匈奴人就像鸟兽一样行踪不定，暂时不宜和他们硬碰硬。但高祖不听，执意要去讨伐匈奴，结果被围在了平城北的白登山上。高祖为此后悔不已，他放弃了攻打匈奴，与匈奴缔结了和亲的盟约，从此，百姓们远离了战争的困扰。

匈奴人难以制服，这不只是当前的事情，他们对中原边境的侵犯由来已久，生性如此。我希望陛下在做决策时，能考虑一下国库和百姓的状况，不要只是图对外战争的一时痛快。兴兵打仗过多，就容易引起政变，百姓受苦过深，就容易想造反。这就是秦王朝垮台的原因。《周书》中说："国家的安危就在于执政者颁布什么命令，政权的存亡关键就在于执政者任用什么人。"我希望陛下能特别注意、认真思考这一点。

其实，主父偃"不要攻打匈奴"的意见恰好与汉武帝的想法相反，汉武帝当时是主张攻打匈奴的。但汉武帝并没有因为主父偃与自己意见不合就生气，反而是因为这番言论，让汉武帝觉得主父偃是一个敢于直谏的人，进而决定召见他。

同主父偃一起被召见的还有另外两个人，这两个人也上书反对对匈奴作战。

汉武帝召见了他们三个人后，毫不掩饰自己对他们的欣赏，说："你们这些人之前都跑到哪里去了，为什么这么晚才让我见到你们？"

而后，汉武帝将他们三个人都任命为郎中，经常随侍在自己左右。

这次的召见让主父偃尝到了甜头，之后他又多次向汉武帝呈上奏疏，献计献策，每次都能切中时弊。汉武帝十分器重他，一连几次提拔他，主父偃因此迅速飞黄腾达。

《推恩令》

主父偃上呈的奏疏中，最著名的当数《推恩令》了。

主父偃是这样劝汉武帝的：

古时候诸侯们的封地都十分有限，不会超过一百里，中央强地方弱的格局就十分容易掌权控制。可如今的诸侯们坐拥的封地面积实在太大了，动辄几十座相连的城池，土地纵横千里，这样一来，天子就很难管理他们了。天下太平的时候，诸侯们行事骄横，吃穿奢侈，容易做出出格的事情；一旦国家出现点什么危急状况，他们就会仗着自己的强大，联合起来对抗朝廷。

但若是想用现有的法令来使他们的封地削减，这显然也是不可取的。他们会因为不服而直接发动叛乱，晁错的《削藩策》就是前车之鉴。

我倒是有一个法子，现在的诸侯们一般都有十几个孩子，但依照现有的法令，只有嫡长子可以继承诸侯的封地，其他的孩子虽然也是诸侯的骨肉，却得不到一点封地。

不如陛下您将对天下诸侯的博爱之心推广传播开来，以孝悌仁爱为名，让诸侯的子弟们都能享受到您的恩德。我建议陛下下令，将诸侯的封地也分给除嫡长子以外的其他子弟，让诸侯的每个孩子都能分到一块土地，成为诸侯。这样一来，嫡长子之外的其余孩子都会很高兴，很感激您。您既给每个人都施加了恩德，还能把诸侯的封地化整为零，这样一来，不用我们再动手，诸侯的地盘就会越分越小，势力自然也就削弱了。

汉武帝觉得十分有道理，就采纳了他的计策。

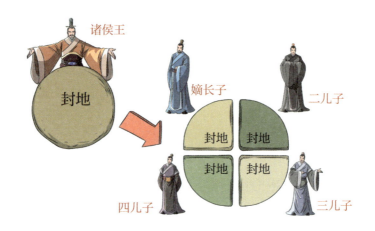

公元前127年,汉武帝颁布《推恩令》。这项政令的主要内容是:将过去各诸侯王的封地和爵位只能由嫡长子继承的状况,强制变更为各诸侯王需要把封地分成几份,传给每一个儿子。

推恩令下达后,各诸侯的子弟们无论长幼嫡庶都能被封为列侯,继承到一块土地。不少王国都被分为多个侯国,侯国的地位与县相当,需要受郡守统辖。

如此,汉武帝既避免了激怒诸侯王,也能慢慢地将较大的王国分裂为较小的侯国,方便控制,彻底解决此前各诸侯王封地过大的问题。

解决了汉武帝心腹大患的主父偃,毫无疑问是汉武帝身边的红人,府上往来的宾客络绎不绝,贿赂他的钱财累计不下千金。主父偃也都来者不拒,日益骄横。

主父偃的结局也并不好,他最终因为犯下过错被公孙弘落井下石,汉武帝大怒之下,诛杀了主父偃全家。不仅没有一个人来替他收尸,那些曾经与他交好的人还都开始争相讲他的坏话,所谓"树倒猢狲散"也不过如此。

《史记》原典精选

今诸侯子弟或十数，而適嗣①代立，余虽骨肉，无尺寸地封，则仁孝之道不宣。愿陛下令诸侯得推恩分子弟，以地侯之②。

——节选自《平津侯主父列传第五十二》

【注释】

① 適嗣：正妻所生的长子。適，同"嫡"。　② 侯之：封他为侯。

【译文】

如今，诸侯的子弟有的达十几个，而只有嫡长子世世代代相继承，其余的虽然也是诸侯王的亲骨肉，却无尺寸之地的封国，那么仁爱孝亲之道就得不到显示。希望陛下命令诸侯可以推广恩德，把他的土地分割给子弟，封他们为侯。

推恩令与削藩的区别

削藩，说白了就是皇帝下令将藩王们原本享有的权力、土地都强制性收回来，也就相当于直接把藩王们废了，可想而知，已经在自己的封地上逍遥惯了的藩王会有多么大的反弹。

推恩令虽然本质上也是分走藩王手里的封地，但是在下一代或者下几代进行，手段比较委婉。再者，对诸侯们来说，封地虽然被分割，但是分给了自家儿子，相比之下，也就没有那么难受了。原本由嫡长子一个人继承的土地，被分给几个人所有，这样一来，每个人分到的就都是原来藩国的一小部分了。这种办法虽然会遭到嫡长子的反对，但是原本分不到封地的其他子弟却都会感谢皇帝。皇帝打着"孝悌仁爱"之名推行这项政策，诸侯和嫡长子也没有反抗的理由。

27 迁居茂陵：非死不可的游侠郭解

人　　物：郭解
别　　称：郭翁伯
生 卒 年：不详
出 生 地：河内郡轵县（今河南省济源市轵城镇）
历史地位：汉朝时期的第一大游侠

　　司马迁在七十列传中单独作了一篇《游侠列传》，用来记录游侠这个特别的群体。

　　在《游侠列传》的开篇中，司马迁是这么形容这个群体的：

　　如今的游侠，虽然行为并不完全符合正义，但他们信守承诺，做事果断，不惜牺牲自己的性命也要解救他人的困窘，且不好大喜功，深藏功与名，这大概也是很值得称赞的吧。

　　郭解就是被司马迁浓墨重彩写进《游侠列传》中的一名游侠。

郭解其人

郭解是轵县人,他骨子里的游侠本性可能是遗传的,因为他的父亲当年就是行侠仗义时触犯了律法,在汉文帝时期被处死了。

郭解这个人个子矮小,体格却很不错。

他少年时残忍狠毒,干了不少违法乱纪的事情,稍有不如意就动手杀人,被他杀掉的人很多。但他重情义,为了给朋友报仇,连命都敢豁出去。他还经常收留逃犯,参与抢劫,私造钱币,挖掘坟墓等,罪行多得数不过来。不过他运气一直很好,每次陷入危难时,总是能够奇迹般地逃脱,要不然就是遇上朝廷的大赦。

等他长大成人之后,一下子就像变了个人一样。他开始谨慎守法,将残忍深深克制在心底,不再因为一点小事就突然爆发。他开始反思自己过去的行为,对待他人也能够做到以德报怨,慷慨解囊,同时他行侠仗义的本性更加突出了。他救完了人家的性命,却并不夸耀自己的功劳,别人感念他的恩情,也愿意投桃报李。就这样郭解的名气越来越大了,许多年轻人都很仰慕他。

明于事理

郭解有一个姐姐,姐姐的儿子知道郭解的游侠名声在外,便经常仗着郭解的威名狐假虎威。有一次,他与别人喝酒,别人喝不了,他却非要强迫给对方灌酒。对方十分生气,一怒之下动手杀死了郭解的外甥,然后逃跑了。

郭解的姐姐将责任全部怪在郭解的身上,对郭解怒气冲冲地说:"就凭你郭大侠的名气,居然还有人杀了我的儿子,而你竟然抓不到凶手?"

为了刺激和羞辱郭解，她还将儿子的尸体扔在路上，执意不肯将儿子下葬。

郭解派人到处去打听凶手的去向，凶手没有办法，害怕地跑来向郭解自首。他如实地将前因后果都告诉了郭解，郭解听完后便说："是我外甥的错，你杀他是应该的。"

随后，他就将凶手放走了，并将外甥的尸体收起来埋葬。

大家听说了这件事以后，都觉得郭解公正无私，处事合理，对郭解这个人也更加敬佩，更愿意依附他了。

郭解的侠名在外，每次出行时，人们都躲着他，只有一个人例外。

这个人在郭解每次路过时，都叉开双腿傲慢无礼地坐在那里，死死地盯着郭解看，颇有些挑衅的意思。郭解的门客知道后，便想要去杀死这个人，但被郭解拦住了。

他说："我常年居住在乡里，却得不到别人的尊敬，这是我自己的道德修养有所欠缺，他又有什么错呢？"

不仅如此，郭解还派人去问了那个人的姓名，私下里找到县里的尉史，嘱托说："这个人我很关心，轮到他服役时，请帮他加以免除。"

尉史按照郭解的嘱托安排了，之后县里每次轮到这个人服役的时候，县吏都不找他。

慢慢地，这个人也察觉到了不对劲，于是找到了尉史询问："为什么会免除了我的服役呢？"

尉史便告诉他："是郭解让我这么做的。"

这个人心生愧疚，于是袒露着上半身，亲自登门向郭解赔礼道歉。当地的年轻人听说了这件事后，对郭解的侠义行为更为仰慕了。

洛阳有两个人结了仇，许多贤人豪杰从中调解，两人都不肯罢休。有人就来请郭解出面，那两人出于对郭解的尊重，就准备和好了，郭解却细心地叮嘱他们："我一个外乡人，不太好代行别人城池中贤豪大夫们的调解权力，你们

可以在我离开后，等其他人来调解时再和好。"

郭解替人办事时也尽量周到：事情能办成的，就一定把它办成；办不成的，也要设法做到别人相对满意的程度，然后才愿意去吃人家的酒饭。因此大家都特别尊重他，争着为他效力。为了能帮郭解分担一些他藏在家里的逃犯，城中的少年及附近县城的贤人豪杰，经常趁着夜晚赶着车子来到郭解家里接人，有时能有十多辆车子挤到一起。

迁居茂陵

汉武帝初年，地方上的一些豪强巨富势力日益壮大，土地兼并现象严重，聚敛了绝大部分的社会财富，导致国库能调动的财力十分有限。

公元前 127 年，汉武帝颁布《迁茂陵令》，下令要将全国各地的豪强、地主都搬迁到茂陵去居住，一方面是方便朝廷监视控制，另一方面也能遏制豪强在当地的势力过于强大，消除祸根。

被列在搬迁名单上的，除了各地的豪强、地主，还有游侠郭解。郭解的家产并未达到搬迁的资产标准，本是不应该出现在名单上的。

那到底该不该让郭解迁走呢？督办的官吏一时间也犯了难，但最终还是害怕上级怪罪，不得不催促郭解赶快迁走。

大将军卫青知道后，便上奏汉武帝替郭解求情："郭解家里贫穷，不够搬迁的资产标准，理应不用迁走。"

汉武帝却说："他一个平民，居然能让你一个大将军来替他求情，这足以说明他家里绝对不穷。"

于是，郭解家还是被勒令搬迁到茂陵。离开的那一日，有许多人来送他，

人们凑出了一大笔钱财为郭解送行。

那么，家贫的郭解为何会出现在搬迁的名单上呢？这都是轵县杨姓县掾的手笔，就是他提名要郭解一家搬迁到茂陵的。

郭解哥哥的儿子知道这件事后，为了替叔父出气，居然跑去杀了县掾。从此，杨家和郭家就结下了仇。

郭解逃亡

郭解迁居到茂陵后,关中的豪杰们都争相与郭解成为好朋友。

但好景不长,没过多久,有人杀死了杨季主,而杨季主正是那位姓杨的县掾的父亲。这下杨家人忍无可忍了,上书去状告郭解。可是,居然又有人去把状告郭解的人也杀死了,此事就发生在皇宫大门外。

汉武帝知道后大为震怒,下令逮捕郭解。郭解从此走上了逃亡之路。

郭解在逃亡之时,将自己的母亲安置在夏阳,而后他自己逃到了临晋,后来又辗转去了太原。一路上,他从不隐瞒自己的情况,都是如实告诉留他食宿的人家。

官府的人一路追查郭解的踪迹,有收留过他的人为了不暴露郭解的行踪,居然选择了自杀,线索就此断了。

过了很久,官府才抓到郭解。官吏在审理郭解所犯下的罪行时,才发现郭解杀人的事发生在大赦之前。

官府已经准备释放郭解了,这时,有一名从轵县来的读书人不忿地站了出来。

他原本是陪同前来查办郭解案件的使者闲坐,听到在座的人中有人夸赞郭解是个好人,便忍不住反驳说:"郭解就是个狡猾邪恶的人,还触犯了国法,怎么配得上称为好人呢?"

郭解的门客将他的话记在了心里,出去后就找了个机会将这个读书人给杀了。

官府再次找上门来责问郭解,命令他立刻交出凶手。然而,郭解当时也不在现场，对杀人者是谁一无所知。官府追查了很久也没查明人是谁杀的，只好向汉武帝禀报，说郭解无罪。

但御史大夫公孙弘却说："郭解的罪在于他以平民的身份行侠，充好汉使威权，因为一点小事就要杀人。这一次他虽然不知情，但他的罪过可比他自己杀了人还要严重！这是大逆不道！"

就这样，郭解一家被满门抄斩。

郭解虽然没有一个好的结局，相貌也比不上一般人，言语上也没有什么可取之处，但全天下的人，都很仰慕他的侠义精神，这样的美名远胜于外貌这样外在的东西。

郭解之后，做游侠的人还有很多，但都傲慢无礼，不值得一说。

《史记》原典精选

及徙豪富茂陵①也，解家贫，不中訾②，吏恐，不敢不徙。卫将军为言："郭解家贫不中徙。"上曰："布衣权至使将军为言，此其家不贫。"解家遂徙。

——节选自《游侠列传第六十四》

【注释】
① 茂陵：汉武帝的陵墓。
② 訾：通"资"，钱财。

【译文】

待到汉武帝元朔二年（公元前127年），朝廷要将各郡国的豪富人家迁往茂陵居住，郭解家贫，不符合资财三百万的迁徙标准，但迁移名单中有郭解的名字，因而官吏害怕，不敢不让郭解迁移。当时卫青将军替郭解向皇上说："郭解家贫，不符合迁移的标准。"但是皇上说："一个百姓的权势竟能使将军替他说话，这就可见他家不穷。"郭解于是被迁徙到茂陵。

什么是大赦？

大赦，就是对全国已经判定有罪的罪犯们普遍实行赦免或减刑。

那么，什么时候会大赦天下呢？大赦通常发生在新皇登基或皇宫有重大喜事时，如新皇登基、更改年号、册封皇后、册立太子等重大事件，都可以成为大赦的理由。国家发生重大事件时，如开疆拓土、受灾遇瘟、天降祥瑞等，也会大赦天下。

不过，大赦可不是随随便便的事情，通常要经过一定程序，在特定时期，且只对一定范围内的罪犯进行赦免。

28 卫青、霍去病：大汉帝国双璧

人　　物：卫青
别　　称：卫仲卿、长平烈侯
生 卒 年：？—公元前106年
出 生 地：河东郡平阳县（今山西省临汾市）
历史地位：汉朝名将、军事家，一生七次出击匈奴，因功加拜大司马大将军

人物小传

汉朝经过汉文帝、汉景帝两代帝王休养生息的政策，国力大大地增强。汉武帝刘彻即位时，国家已经积累了一定财富，综合国力日渐强盛，具备了对匈奴作战的条件。

刘彻自然就有了"开疆拓土"的想法，一改汉朝初期以防守为主的对外政策，积极出击，征战四方。

在这一过程中，诞生了不少骁勇善战的名将，其中最为人们津津乐道的便是被誉为"大汉帝国双璧"的卫青和霍去病了。

少年卫青

卫青是私生子,因为母亲家生活艰苦,少年时被送回到父亲的身边。但他的父亲并不重视他,让他去放羊,父亲的其他儿子也经常欺负他,日子过得很不如意。

当时的卫青怎么也不会想到,自己有朝一日会成为名满天下的大将军。

卫青长大后,成了平阳侯家中的骑兵,侍奉平阳公主。

公元前139年,卫青的姐姐卫子夫入宫,深得汉武帝宠信。这让当时的陈皇后非常嫉妒,陈皇后的母亲馆陶公主便想将卫青抓起来替女儿出气,幸好被卫青的朋友知道了,带着几名壮士将卫青救了回来。

汉武帝听说了这件事后,担心卫青会因为身份低微难以自保,再次陷入危险之中,就将卫青召进宫来,做了建章宫监。

后来,卫子夫被封为夫人,卫青也跟着升了官,做了太中大夫。

从公元前138年到公元前129年,卫青始终跟随在汉武帝左右,也就是在这近十年间,卫青获得了汉武帝的信任和赏识。

龙城之战

公元前130年,匈奴兴兵南下直指上谷,汉武帝任命卫青为车骑将军,与公孙贺、公孙敖、李广三位将军一起迎击匈奴。他们各自率领着一万骑兵从四路分头出击。但四支队伍中,只有卫青率领的这一支军队取得了较好的战果。他们一直打到了匈奴人用来祭天的圣地龙城,并在龙城中杀死和俘虏了数百人。这一战,也被人们称作"龙城之战"。

另外三路的汉军将士，不是损兵折将，就是被敌人俘虏。李广的这一支尤为糟糕，连他自己都被敌人俘虏了，好不容易在半道上逃了回来。按照当时的法律来说，李广理应处斩，但他拿钱出来赎罪，这才得以保住性命，被贬为庶民。

龙城之战，是卫青首次征战匈奴的辉煌之战，也是汉初以来汉军对匈奴作战的第一次胜利。

公元前128年，匈奴再次来犯，汉武帝下令让卫青率领三万大军迎战匈奴。卫青率领着大军从雁门郡出发，杀死和俘虏了几千人。第二年，匈奴再次南下，李息和卫青分别率军迎战，卫青不仅收复了黄河以南的大片土地，还夺取了几十万头牲畜，赶跑了白羊王和楼烦王。此战过后，汉武帝将收复的黄河以南的地区划作朔方郡，卫青因功被封为长平侯。

但匈奴人很快再次来犯，还杀死了代郡的太守，掳走了汉朝几千人。

公元前124年，汉武帝下令让车骑将军卫青率领三万骑兵，从高阙出兵，与其他六名将军一起讨伐匈奴。

结果卫青的这一路人马正好遇上了匈奴右贤王的部队。匈奴的右贤王过于自信，以为汉军根本打不到他这里来，整天喝得酩酊大醉。结果在某一天晚上，卫青率领的汉军突然夜袭，将右贤王的营地团团包围起来。

右贤王大惊失色，最后只带着他的爱妾和几百名精兵突围出去。汉军派轻骑追了几百里，最后还是让他给跑掉了。

但这并不影响汉军大胜的战果：汉军俘虏了右贤王留下来的小王十几人，还有匈奴男女人丁一万五千多人，牲畜几十万头，可以说是收获颇丰。

汉武帝得到捷报后，大喜过望，连忙派遣使者到边境来奖赏卫青。结果使者都到边境了,卫青率领的大军还没回来。

　　使者拿着大将军的官印,等在边境的城门外,终于等来了凯旋的大军。使者当即宣读了任命车骑将军卫青为大将军的旨意,其他几路的将军连同他们统领的军队都归大将军卫青指挥。

卫青统一了军中号令后，就班师回京了。

回朝后，汉武帝更是大手一挥，将卫青的封邑增加至六千户，还将他的三个幼小的儿子都封了侯，一时之间荣宠至极。但这些封赏都被卫青婉拒了，他请求转而奖赏跟他出征的部下，卫青的部下有十一人因此被封侯。

冠军侯霍去病

公元前123年，大将军卫青指挥着公孙敖、公孙贺、赵信、苏建、李广、李沮六将，分领六路大军从定襄出发，如猛虎出林般向北挺进数百里，"斩首数千级而还"。之后，全军返回定襄休整，一个月后再次出塞，斩获匈奴军一万多人。

此次作战，卫青年仅18岁的外甥霍去病也参加了，且表现得十分出色，被封为冠军侯，一代名将开始崛起。

卫青除了卫子夫以外还有一个姐姐，霍去病就是这个姐姐的儿子。

别看他小小年纪，却能骑善射，曾跟随在汉武帝身边做过一段时间的侍中，很受汉武帝的宠信。

霍去病一直都很崇拜舅舅卫青，曾两次跟随大将军出征。后来汉武帝见他实在向往军中生活，就让卫青授予他剽姚（piào yáo）校尉一职，派他跟着卫青领兵出征。

霍去病用兵灵活，率领着自己的八百名轻骑兵敢死队离开大军数百里奔袭匈奴，获得了大胜，自己一方却很少伤亡。

汉武帝夸奖他说："剽姚校尉霍去病斩杀和俘虏的敌人共二千零二十八人，其中有匈奴的相国、当户等官员，还杀死了单于的叔父籍若侯产，活捉了单于的叔父罗姑比，两次都勇冠全军，特封霍去病为冠军侯，食邑一千六百户。"

霍去病被封为冠军侯后的第三年，汉武帝将他任命为骠骑将军，率领着一万骑兵从陇西出发进击匈奴，这一次霍去病又立了大功。

他率领的部队转战河西五国，急行军一千多里，重创匈奴，杀死了匈奴折兰王、卢胡王，歼灭其精锐，浑邪王子及相国、都尉等全部被俘。汉军共斩首八千九百六十级，并俘获了休屠王的祭天金人，汉武帝因此加封霍去病二千户。

同一年夏季，霍去病与公孙敖从北地郡率军兵分两路进攻匈奴。公孙敖因迷路迟到，霍去病孤军深入攻抵祁连山，俘获单于阏氏、酋涂王，收降其相国、都尉以下的降者二千五百人。

两次河西之战，霍去病先后解决了匈奴近十万人。自此，汉朝控制了河西地区，为打通内地通往西域的道路奠定了基础。

漠北之战

公元前119年，汉武帝命令卫青与霍去病各自率领五万骑兵，深入漠北，寻找匈奴主力决战，这场战役也被称为"漠北之战"。

汉军原计划是由霍去病挑选精兵对战匈奴单于，卫青则负责对战匈奴左贤王。不承想对方刚好调换了路线，卫青对上了匈奴单于主力，他命令前将军李广和右将军赵食其两支军队从右边包抄，卫青自己则是从正面对抗。

但是原本约定好从右道包抄、支援正面战场的李广和赵食其却因为迷路而没能到达，这个重大失误最终也导致了飞将军李广自杀。

此战卫青共斩杀、俘获敌人一万九千多人。但因为援军迟迟不到，合围失败，让匈奴单于伊稚斜伺机逃脱。

而霍去病这边，在与左贤王的一战中大获全胜，斩杀、俘获的敌人达到七万零四百四十三人，让敌方军队一下子损失了十分之三。匈奴军队退至漠北，使"漠南无王庭"。

打败匈奴后，霍去病登上狼居胥山，筑坛祭天以告成功。

汉军回师后，汉武帝为表彰霍去病的功劳，再增封其食邑五千八百户。汉武帝还设置了大司马一职，让大将军卫青和骠骑将军霍去病同为大司马，同时定下法令，使骠骑将军的俸禄同大将军相等。

英年早逝

霍去病年少成名，却有着与年龄不符合的稳重。他平时不爱讲话，有什么事情都不会轻易地显露在脸上，果敢而有担当。

但少年人，也难免摆脱不了少年的桀骜和少年气。

汉武帝曾经问他："你想不想学习孙子和吴起的兵法？"

霍去病说："不学，打仗只看策略就行了，不必拘泥于古人的兵法。"

汉武帝为他修建了府邸，让他去看，霍去病说："不去，匈奴还没有消灭，没有考虑家事的必要。"

这使得汉武帝更加喜爱他。

但也因为他年少成名，早早就在宫廷中为官，没有如同卫青一般从家仆一路成为大将军的历练，霍去病常常被人诟病不能体恤手下士兵的苦处。

有一次，他率兵出征，汉武帝专门派人给他送去了几十车的食物。等回来的时候，还有许多没吃完的都已经坏掉了，然而他却丝毫没有察觉此行军中还有饿着肚子的士兵，食物放到坏掉也不曾想到分给士兵。

他们在塞外扎营的时候，由于缺粮，很多士兵都饿得眼冒金星爬不起来了，他却还在校场上踢球玩。类似的事情还有很多。

但就像霍去病的舅舅卫青曾经说过的那样："魏其侯、武安侯广招宾客，陛下恨得咬牙切齿。因为那都是国君应该做的事情，臣子只需要守法尽忠就可以了。"

所以，拥有无数战功的霍去病，怠慢士兵并故意宣扬出去，或许也是他的生存之道吧。

公元前117年，霍去病因病去世，汉武帝十分难过。在这位年轻将军的葬礼上，汉武帝为他调集了五个边郡属国的铁甲军哀悼，列队一路从长安排到了茂陵，还仿照着祁连山的形状给他修建了陵寝。

霍去病去世后的第十一年，大将军卫青也去世了，谥号烈侯。汉武帝命人在自己的茂陵东为卫青修建了一座庐山（匈奴境内的一座山）形状的墓冢，以象征卫青一生的赫赫战功。

至此，名震一时的"大汉帝国双璧"，就像两颗流星陨落在历史长河中。

《史记》原典精选

得右贤裨王①十余人，众男女万五千余人，畜数千百万，于是引兵而还。至塞，天子使使者持大将军印，即军中拜②车骑将军青为大将军，诸将皆以兵属大将军，大将军立号而归。天子曰："大将军青躬率戎士③，师大捷，获匈奴王十有余人。益封青六千户。"

——节选自《卫将军骠骑列传第五十一》

【注释】

❶裨王：小王。　❷拜：授给官职。　❸戎士：军队。

【译文】

汉军捕获了右贤王的小王十多人，男女民众一万五千余人，牲畜数千百万头，于是卫青使领兵凯旋。卫青的军队走到边塞，武帝派遣使者拿着大将军的官印，就在军中任命车骑将军卫青为大将军，其他将军都率兵隶属于大将军卫青，大将军确立名号，班师回京。武帝说："大将军卫青亲自率领战士攻杀，军队获得大捷，俘虏匈奴之王十多人，加封卫青六千户。"

大汉第一辅臣

霍去病的生父是平阳县的小吏霍仲孺，这是他长大以后才知道的事情。

公元前121年，霍去病被拜为骠骑将军，出击匈奴的途中被河东太守迎至平阳侯国的传舍，并派人请来霍仲孺与霍去病父子相见。霍去病替霍仲孺购买了大量田地、房屋和奴婢后离去。出征凯旋时，霍去病再次拜访霍仲孺，并将异母弟弟霍光带到长安去照顾。

霍光在长安受到了很好的教育，后来凭借门荫入仕，从郎官一直做到了光禄大夫，深受汉武帝的信任。汉武帝离世前，授予他大司马、大将军之职，还把辅佐少主的重任交给了他。霍光不负众望，成为大汉第一辅臣。

29 飞将军李广：生不逢时的将军

人　　物：李广
别　　称：飞将军
生 卒 年：？—公元前119年
出 生 地：陇西成纪（今甘肃省秦安县）
历史地位：汉朝名将，秦朝名将李信的后代

人物小传

唐朝诗人王昌龄的七言绝句《出塞》中有一句"但使龙城飞将在，不教胡马度阴山"。这个"飞将"指的就是飞将军李广。只要镇守龙城的飞将军李广还活着，就不会让胡人的骑兵跨越过阴山。

这评价足够高了。

李广出生在名将之家，是秦朝名将李信的后代。他一生从军，历经文景武三世，参与过对匈奴的作战大大小小七十余次，镇守边关多年，英勇善战，连匈奴人都尊敬地称呼他为"飞将军"。

可就是这么一位将军，却让后世留下了一句"时运不济，命途多舛，冯唐易老，李广难封"的感慨。从上一篇的故事中，我们也知道了在漠北之战中，李广落得了一个自杀谢罪的惨淡结局。那么,李广是如何走到这一步的呢?

生不逢时

李广是三朝老将。

汉文帝十四年,匈奴大军进犯,李广以良家子弟的身份参军,抗击匈奴。由于他精通骑马射箭,首次参战就展现出了超凡的本领,斩杀匈奴士兵首级很多。后来论功行赏时,因功被任为汉中郎。

但我们也都知道,汉文帝是个不主战的帝王,所以当时的李广空有一腔热血,却没有地方施展。就连汉文帝自己都曾感叹说:"可惜啊,你生不逢时!如果你生在高祖的时候,封个万户侯也是轻而易举的事情。"

到了汉景帝时期,恰逢七国之乱,李广终于得上战场,跟随太尉周亚夫反击吴楚叛军。在昌邑城下,李广勇夺叛军军旗,立了大功,名声显扬。

但是,李广在平叛期间,收下了梁王私下授予的将军印,这惹得汉景帝十分不快。诸侯王的将军印你也敢收,还想在我这里受封?

于是,平叛结束后,汉景帝没有对他封赏,而是派李广去担任上谷太守,让他去防御匈奴。李广天天与匈奴交战,后来公孙昆邪看不过去,哭着对汉景帝说:"李广的勇武天下无双,但他自恃能力高强,屡次与匈奴较量,这样下去大汉恐怕要失去这位将领了。"

汉景帝也很惜才,就让他调任上郡太守。李广后来又担任了很多地方的太守,都凭借着出众的战斗能力在当地出名。

李广在上郡做太守时,有一次巡视边境,遇到了匈奴的三个射雕手。这三个射雕手箭术高超,伤了李广的几十名骑兵,李广就带着一百名骑兵,急追这三个人，一直追了几十里，将这三个人围起来亲自射杀。待返程时，又遇上了匈奴的数千骑兵，一百人对数千人，胜算不大，李广干脆让身边的人都下马解鞍，就地躺卧，伪装成是来诱敌的样子。匈奴人受到迷惑，果然不敢发动袭击。来试探的匈奴将军也被李广带人射杀，匈奴人不敢再出击，连夜全部撤离。李广就这样凭借着智谋平安脱险。

但汉景帝也是个主张怀柔的帝王，所以李广仍旧没有得到多少被重用的机会。

到了汉武帝时期，左右近臣都认为李广是名将，汉武帝于是将李广从上郡太守调任到未央宫担任禁卫军长官。同样被调来担任长乐宫禁卫军长官的还有边郡名将程不识，程不识很看不上李广的治军随便，但当时的士兵大多愿意跟随李广，不愿意跟随程不识。

公元前133年，汉武帝听从王恢之言，在马邑埋伏重兵，意图围歼匈奴。李广当时以骁骑将军的身份参与这次行动。原本以为终于有了立功的机会，但后来匈奴单于提前察觉了汉军的意图，匆忙退军，汉军兴师动众却无功而返。

四年后，匈奴大举入侵上谷，汉武帝命令李广以卫尉的身份带领一队人马，与车骑将军卫青、轻车将军公孙贺、骑将军公孙敖兵分四路出雁门夹击匈奴，结果我们也知道了：卫青一战成名，李广却被匈奴人俘虏了。

匈奴人抓到李广后十分兴奋，发现他正生着病，还受了重伤，就在两匹马之间拴住一张网床，让李广躺在上面前进。李广一直躺着不动装死，等走了十几里之后，他趁着匈奴人不注意，一跃而起，抢了匈奴人的一匹好马就逃。几百个匈奴骑兵在后面追赶，但李广用手中的弓箭将他们一一逼退，终于得以脱身。

班师回朝后,朝廷把李广交给军法处审判。因为李广这一路损失的士兵过多,且他本人还被俘虏了,李广被判处斩首。但朝廷也允许李广出钱赎罪,他这才留下一命。但之前挣得的功名全没了,李广成了庶民。

汉朝的飞将军

李广成为庶民后,在家闲了好几年,日子过得很窘迫。

有一天半夜,李广喝完酒后回家,路过霸陵亭时,被看守霸陵亭的亭尉喊住问话,那个亭尉也喝醉了,语气十分不好:"站住!你什么人?"

李广的侍从回答："这是从前的李将军。"

亭尉完全不将他放在眼里，不屑地说："就是现任的将军也不能夜行，更何况你一个卸了任的前将军！"

说罢，硬是将李广扣留在亭下过了一夜，李广被贬为庶民后的生活可见一斑。

幸好，李广也没窘迫多久。因为没过多久匈奴又来进犯了，还杀死了辽西郡的太守，打败了韩安国将军。

汉武帝匆忙将李广召回朝廷，任命他做了右北平的太守，去戍守边关。

也就是这段时间，李广让匈奴人都知道了他的名字，甚至匈奴人一听到他的名字，就连忙撤退。匈奴人都敬畏地称李广为"汉朝的飞将军"，一连几年都不敢进犯他所镇守的右北平。这应该算是李广一生中最辉煌的一段时间了。

再后来，李广也老了，将坛不断地涌现出一批批年轻且善战的将领，其中最出众的就是卫青和霍去病了。

汉武帝曾多次派大将军卫青和小将霍去病率领大军出击匈奴，老将李广也曾多次随行，但都苦战无功。

公元前123年，郎中令石建去世，汉武帝将李广召回接替石建做了郎中令。同年，李广以右将军的身份跟随大将军卫青从定襄郡出击匈奴。这次出征中，许多将领都因为杀敌、俘敌达到标准因功封侯，只有李广的部队落了个劳而无功。

两年之后，李广再次以郎中令的身份率领四千骑兵从右北平出发讨伐匈奴。博望侯张骞率领着一万骑兵与李广同时出征，原本两人约定好去包抄匈奴左贤王，可李广到地方后却发现张骞并未按时到达。李广与匈奴左贤王带领的四万骑兵激战良久，几乎全军覆没，等张骞终于赶到时，汉军已经疲惫至极，只好收兵回去。

按照汉朝的法律，张骞未能如期到达耽误了军情，被判死刑，张骞出钱赎罪，降为平民。李广的军功和罪责相当，没有获得封赏。

迷道自尽

公元前119年，汉武帝准备发动漠北之战，由大将军卫青和骠骑将军霍去病各率五万骑兵远征匈奴漠北王庭。老将李广几次请求随行，然而汉武帝认为李广年纪大了，迟迟没有批准。

后来，经不住李广的再三请求，汉武帝同意他出任前将军。

李广跟随卫青大军一同到了塞北，卫青从捉到的匈奴逃兵那里知道了匈奴单于驻地的位置，准备带精兵去捉拿单于。

李广认为自己是前将军，理应做前锋，就向卫青再三请求由自己来打头阵。然而卫青慎重考虑后还是决定让李广和赵食其从东路迂回出击，作为正面军队的支援军队。

失去了与匈奴军队正面作战的机会，这让李广十分不满，他心里带着很大的怨气回到自己的营地，不情不愿地与赵食其一起带着队伍从东边出发，临走前甚至都没有和大将军卫青辞行。

此战的结果我们也都知道了，李广与赵食其的军队中因为没有向导，在沙漠中迷了路，错失了支援的时机。

卫青单独与匈奴单于交战，虽然取得了大捷，但因为未能形成合围，最终让伊稚斜单于逃脱。

当卫青率领大军从南路穿越沙漠返回时，才遇到了李广和赵食其的军队。

回到驻地后，卫青派长史给李广送去了饭菜和酒，并询问他军队迷路的

原因。李广拒绝开口。长史急于问出此次出兵不利的原委，好向皇帝上报，因而反复追问李广，还逼迫李广的部下交代事实。

李广忍无可忍，对他说："我的部下没有罪过，迷路都是我的责任，我自己会亲自去受审对质。"

长史离开后，李广对自己的部下说："我从年轻时到现在，与匈奴打了大大小小七十多次仗。现在有幸能跟随大将军卫青出征，和匈奴首领交战，谁能想到大将军偏偏调了我的部队去走绕远的路，而我们又偏偏迷了路，这难道不是天意要我灭亡吗？我已经六十多岁了，无论如何都不想去与那些舞文弄墨的小吏对质争辩了。"说完，他就拔出战刀自刎而死。

飞将军李广的一生就此结束。李广部下的官兵们都为自己的将军痛哭，百姓们听到这个消息后，不论认识的还是不认识的，都为这位名将落了泪。

汉文帝曾感叹李广若生在汉高祖刘邦的时候，高低也能封个万户侯；其实如果李广能晚生个几十年，在最好的年纪遇上汉武帝，没准也能大有作为。

可惜李广命途多舛、壮志难酬的一生，最终也只能化作一句"生不逢时"的感慨。

《史记》原典精选

　　军亡导，或失道，后大将军。大将军与单于接战，单于遁走，弗能得而还。南绝①幕，遇前将军、右将军。广已见大将军，还入军。大将军使长史持糒醪遗广，因问广、食其失道状，青欲上书报天子军曲折。广未对，大将军使长史急责广之幕府②对簿③。广曰："诸校尉无罪，乃我自失道。吾今自上簿。"

——节选自《李将军列传第四十九》

【注释】

　　❶ 绝：渡过，横穿。　❷ 幕府：本指将帅在外的营帐。后亦泛指军政大吏的府署。这里指幕府的人员。

　　❸ 对簿：按簿册上的记载对质，即受审。

【译文】

　　军队没有向导，迷失道路，落在大将军之后。大将军与单于交战，单于逃跑了，卫青没有俘虏单于，只好回兵。大将军向南行穿过沙漠，遇到了前将军和右将军。李广谒见大将军之后，回到自己军中。大将军派长史带着干粮和酒送给李广，顺便向李广和赵食其询问迷失道路的情况，卫青要给天子上书报告详细的军情。李广没有回答。大将军派长史急切责令李广幕府的人员前去受审对质。李广说："校尉们没有罪，是我自己迷失了道路，我现在亲自到大将军幕府去受审对质。"

李广射虎

　　相传，李广有一次出门打猎，到夜晚还没有回去，路过一片草丛时，听见草丛中有窸窣声响，抬眼望去，见草丛中有一黑影的形状十分像老虎，他张开弓箭一箭射去正中目标。天明之后来寻找老虎时，却发现那原来是一块大石头，昨晚射的那支箭一整支都没入石头中。当他拉开弓箭想再试一次时，却发现怎么也射不进石头里去了。

30 司马迁写史：通古今之变，成一家之言

人　　物：司马迁
别　　称：太史公、史迁
生 卒 年：公元前 145 年（或公元前 135 年）
　　　　　—公元前 87 年
出 生 地：龙门（今陕西省韩城市东北）
历史地位：汉朝杰出的史学家、文学家、思想家，任太史令，
　　　　　创作了中国第一部纪传体通史《太史公书》，
　　　　　又名《史记》

人物小传

司马迁出生在黄河岸边的龙门，父亲是汉武帝时期的太史令司马谈。

司马迁少年时跟着父亲在龙门过着耕牧生活，十岁时便在父亲的指导下开始习诵古文。后来父亲司马谈到长安出任太史令一职，他自己留在龙门继续读书。

二十岁时，他开始游历天下，去搜集轶闻旧事，网罗散失的典籍和传闻。

他先后到过江淮一带游历；还登上过会稽山，去探察大禹的墓地所在；又到过九嶷山，瞻仰舜的遗迹；而后乘船游于沅水、湘水之上；接着北渡汶水、

泗水，到齐鲁旧都感受孔子讲学的遗风；还到过邹县、峄山，参加过那里的乡射活动；后来路经鄱县、薛县、彭城时，遇到了一些麻烦，吃过一些苦头，最后经过梁国、楚国回到了家乡。

回来后不久，司马迁就进京做了郎中，后来又奉命出使巴、蜀以南的地区，到过邛都、笮都以及昆明国，然后才返回向朝廷复命。

继承父亲遗志

公元前110年，也就是汉武帝元封元年，汉武帝第一次东巡，去泰山举行祭祀天地的封禅大典。太史令司马谈本来是跟随汉武帝一起前往泰山的，但他走到洛阳时却病倒了，只得留在洛阳养病。

泰山封禅这样重要的历史时刻，身为朝廷史官却无法亲自见证，司马谈深感遗憾，郁结于心，以致病情加重。

正好他的儿子司马迁从云南出使回来，父子俩在洛阳见了面，他拉着儿子的手一边哭一边说："我们的祖先曾是周朝的太史。再往前追溯，先人在上古虞舜夏禹时期就曾有过显赫的功名，主管天文相关的工作……后来半道上没落了，难道这一切都要断送在我这一辈吗？你以后要是能成为太史，倒是可以继承我们祖辈的事业了。若你成为太史令，可千万不能忘记为父一直想编写的那部史书啊！"

司马迁低着头，郑重答应了下来："我虽然不聪明，但一定会穷尽毕生之力，将您要编写史书的计划完成，绝不让它有半点缺失。"

这次嘱托已经算是遗言了。没过多久，司马谈就去世了，司马迁就此继承了父亲的遗志，开始整理父亲收集的资料。

编史改历

司马谈去世后第三年，司马迁果然当了太史令。他开始没日没夜地阅读国家收藏的珍贵史料和书籍。整理编写史书的工作繁杂而辛苦，但司马迁心中始终牢记先辈的遗志，誓要将这部史书著成。

在整理资料的同时，司马迁发现当时采用的《颛顼历》对朔、晦的计算与实际情况有差异，已经不适用了。于是，他在汉武帝太初元年（公元前104年），联合中大夫公孙卿等人向汉武帝进言，提议重新制定历法。这一年，汉武帝下令让公孙卿、司马迁、壶遂、侍郎尊、大典星射姓等人讨论新历法，最终制定了《汉历》。

因为《汉历》颁布的这一年是太初元年，所以后人也称这部历法为《太初历》。

因为在长安任职，又参与了《汉历》的修订，司马迁得以结识会聚在长安的天下贤能之士。司马迁将自己要编写史书的志向讲给他们听，得到了不少启发，对司马迁影响最大的莫过于董仲舒和孔安国了。

孔安国是孔子后人，家中收藏有当时市面上已经失传的《古文尚书》十余篇，他本人也兼通今古文学。司马迁经常向孔安国请教，学到了很多，尤其是掌握了考信历史的方法。

大祸临头

就在司马迁摩拳擦掌准备编写史书时，却突然大祸临头，被关入监狱，惨遭腐刑。

这次祸事的关键人物，是飞将军李广的孙子李陵。

公元前99年，贰师将军李广利奉命率领三万骑兵出击匈奴，在祁连山、天山一带与匈奴右贤王对战。

汉武帝让李陵率领着他手下的五千士兵前去助阵，分散匈奴人的兵力，不让匈奴人把所有的力量都集中起来对付李广利。

李陵一行人从居延泽出发，向北行军三十多天，到浚稽山扎营，这一路上都没有遇到敌人。就在李陵按照原本安排好的时间撤军时，却撞见了匈奴单于率领的大军，有八万人之多。

李陵只有五千人，被匈奴八万大军包围，情况可想而知。他率领着汉军边战边退，血战八天，士兵损失过半，箭矢都用完了，就用刀剑砍，杀死砍伤的匈奴人居然过万。

但就在他们退到距离居延边塞不足一百里的地方时，被匈奴军队一路驱赶到一处山谷中，截断了退路。

李陵一行人前方是匈奴大军，后方是陡峭的山壁，没有救兵，粮草也耗尽了，几乎到了绝路。

匈奴人趁机发动猛攻，逼着李陵投降。李陵长叹一声说："到如此地步，我已经无脸面去见陛下了呀！"

说完，李陵投降了匈奴人。他的部下四散逃命，逃回边塞内的仅有四百人。

这件事传回汉朝以后，汉武帝十分生气，召集群臣一起来声讨李陵的罪过。然而，司马迁却站出来为李陵辩解："李陵服侍母亲至孝，对士卒讲信义，为解救国家危难经常奋不顾身。他一直是一个有国士之风的君子。如今一次失败就被诸位攻击得一无是处，实在是令人痛心！况且他此次率领的军队才不过五千人，却吸引了匈奴的主力部队，杀敌过万，虽然最后降敌了，却也可以功过相抵。况且，我看李陵并非真心投敌，他也许是想先活下来再找机会……"

但气头上的汉武帝却并不这么认为，他觉得司马迁就是在替李陵狡辩，从而迁怒司马迁。很快，司马迁就被定为"诬罔之罪"，关入大牢中。

过了很久之后，汉武帝气消了，想到李陵投降是无救援所致，又准备原谅他。

他派人去慰问逃回来的李陵残部，还派公孙敖带兵深入匈奴境内去接回李陵。

然而，没多久，公孙敖就回来了，他没有找到李陵，但是抓回来了几个匈奴俘虏，那些人说，李陵正在帮助匈奴练兵对付汉朝。

汉武帝听说后，再次震怒，下令将李陵家夷三族。

李陵听到消息后，就真的投降了匈奴。

很久以后，有汉朝使者到匈奴去，李陵不忿地问使者："我为汉朝领步卒五千横扫匈奴，因无救援而败，有什么对不起汉朝的？何至于要杀我全家？"

使者说："陛下听闻李少卿在为匈奴练兵。"

李陵愤怒地说："那是李绪，不是我。"

李绪原本是汉朝的塞外都尉，驻守在奚侯城，匈奴一来攻打便投降了。单于对他礼待有加，座次在李陵之上。李陵恨他为匈奴练兵而连累自己全家被诛，便派人刺杀了李绪。

虽然已经搞清楚了这事是一个乌龙，但后果已经造成了，李陵也是真的回不去汉朝了。

因为飞将军李广的缘故，他们整个李氏家族在匈奴都很有名，再加上单于自己也很欣赏李陵的作战勇敢，就把自己的女儿许配给了李陵。

到后来汉昭帝时期，大将军霍光再次派人去匈奴召李陵归汉，但李陵已经彻底无意回到汉朝了，就这样在匈奴待了20多年，直到病死。

李陵究竟是诈降还是真降无从得知，他全族被灭、客死匈奴的悲剧只能说是命运弄人。

司马迁写史

接着说回司马迁，诬罔之罪在当时是大不敬之罪，按律当斩，但也可以选择以腐刑赎身死。

司马迁当时也曾想过为大义而死，但他又觉得"人固有一死，或重于泰山，或轻于鸿毛"，所以他选择忍辱负重活下来。

最初蒙难时，司马迁郁结于心，时常在狱中仰天长叹："这是我的罪过吗？这是我的罪过吗？我现在身体遭到了毁伤，恐怕再也干不成什么事情了！"

但冷静过后他转念一想：自己的书还没有完成，父亲的遗愿还未了，怎么可以颓废呢？

他开解自己说："过去周文王被商纣王囚禁在羑里时，推演出了《周易》；孔子被围困在陈、蔡之间潦倒时，发愤写出了《春秋》；屈原被放逐时，写成了《离骚》；左丘明双目失明，写出了《国语》；孙膑惨遭膑刑，写出了《兵法》；吕不韦被流放蜀地，才有了《吕氏春秋》传世；韩非子在秦国被囚禁时，写出了《说难》《孤愤》等名篇；《诗经》三百多篇，大部分都是圣贤们发泄愤懑时创作出来的。这些人都是因为有抱负，却又得不到施展，所以才通过著书来叙述往事，寄希望于后来的知音。"

如此，司马迁决定向他们学习。他重新振作起来，埋头写史，这一写就写了十多年。

终于，司马迁的史书编写完成了！它最初被称作《太史公书》，后来被称作《史记》。

《史记》记载了从充满了神话色彩的黄帝时期到汉武帝获麟年间，长达三千多年的漫长历史，包括十二本纪、三十世家、七十列传、十表、八书，共一百三十篇。

其中，十表和八书分别是大事年表和各种制度的叙述。而十二本纪、三十世家、七十列传记录的则是人物及重大事件。"本纪"记录的是历代帝王的政绩，"世家"记录的是历代诸侯、勋贵的兴亡，"列传"记录的则是重要人物的言行事迹，主要叙述名臣的事迹。

《史记》是中国历史上第一部纪传体通史，它首创的纪传体编史方法为后来历代"正史"所传承，被列为"二十四史"之首。

不仅如此，《史记》还被认为是一部优秀的文学著作，在中国文学史上有重要地位，被鲁迅先生称作"史家之绝唱，无韵之《离骚》"。

《史记》原典精选

"夫《诗》《书》隐约者，欲遂①其志之思也。昔西伯拘羑里，演《周易》；孔子厄②陈蔡，作《春秋》；屈原放逐，著《离骚》；左丘失明，厥有《国语》；孙子膑脚，而论兵法；不韦迁蜀，世传《吕览》；韩非囚秦，《说难》《孤愤》；《诗》三百篇，大抵贤圣发愤之所为作也。此人皆意有所郁结，不得通其道也，故述往事，思来者。"于是卒述陶唐以来，至于麟止，自黄帝始。

——节选自《太史公自序第七十》

【注释】

❶遂：通，达。 ❷厄：穷困，灾难。

【译文】

"《诗》《书》含义隐微而言辞简约，是作者想要表达他们的心志和情绪。从前周文王被拘禁在羑里，推演了《周易》；孔子遭遇陈、蔡的困厄，作有《春秋》；屈原被放逐，著了《离骚》；左丘明双目失明，才编撰了《国语》；孙膑的脚受了膑刑，于是研究兵法；吕不韦被贬徙蜀郡，世上才流传《吕览》；韩非被囚禁在秦国，才写有《说难》《孤愤》；《诗经》三百篇，大都是圣人贤士抒发愤懑而作的。这些人都是心中聚集郁闷忧愁，理想主张不得实现，因而追述往事，考虑未来。"于是终于下定决心记述陶唐以来直到武帝获麟那一年的历史，而始自黄帝。

《史记》是如何传世的

司马迁的《史记》创作完成后，在当时并没有流传于世，而是被司马迁藏了起来。直到汉宣帝时期，司马迁的外孙杨恽做了平通侯，见当时的朝政清明，才敢上书汉宣帝，将《史记》献出，公开发行。至此，这部历史巨著才得以问世，天下人才可以读到这部伟大的史书。

成语典故小课堂

1. 声名狼藉

《史记·蒙恬列传》中记载：胡亥登上皇位后要赐死蒙恬，蒙恬不服，以曾经杀害良臣的秦穆公、秦昭襄王、吴王阖闾等人举例，说他们因为杀害良臣，遭到天下人的指责和非议，名声在诸侯国之间非常坏。

后人根据这个典故概括出成语"声名狼藉"，形容声望和名誉败坏到了极点，不可收拾。

2. 鸿鹄之志

《史记·陈涉世家》中记载：陈胜少年时曾被人雇用给人种田，他对一起种田的同伴说："我们中要是有谁将来富贵了，一定不要忘了今天一起种田的同伴啊！"同伴们纷纷嘲笑他，他不禁感叹道："小小燕雀，又怎么会知道鸿雁和天鹅的远大志向呢？"

"鸿鹄之志"常用来比喻一个人有远大的理想和抱负。

3. 才气过人

《史记·项羽本纪》中记载：项羽身高八尺多，双手可以举起大鼎，才气过人，吴县的子弟都很怕他。

"才气过人"本义是指一个人勇武有力，气魄超过一般人，后来更偏向于用来形容一个人思维敏捷。

4. 破釜沉舟

《史记·项羽本纪》中记载：项羽率领军队与秦军作战，等军队渡河后，下令将锅都打破，船都凿沉，营帐也都烧掉，只携带三天的口粮作战，以表示不胜不归的决心。

"破釜沉舟"多用来比喻下定决心，不留退路，不顾一切干到底。

5. 从壁上观

《史记·项羽本纪》中记载：巨鹿之战时，从各地赶来救援的其他诸侯军队有十几支，但没有一支敢出来与秦军作战。等到项羽的军队与秦军开战后，各路援军的将领们都站在营地的壁垒上远远观望。项羽率领的将士们以一当十，杀声震天，各路援军都被吓得胆战心惊。

"从壁上观"也作"作壁上观"，指双方交战时，自己站在壁垒上旁观，后多用来形容在一旁袖手旁观，不提供帮助。

6. 大逆无道

《史记·高祖本纪》中记载：项羽怨恨楚怀王熊心害自己无法称王关中，于是将他奉为"义帝"，流放到江南，后又命人暗中将他杀害。刘邦以"项羽杀害义帝，大逆无道"为由，讨伐项羽，天下诸侯群起响应。

"大逆无道"也作"大逆不道"，旧指不符合封建统治者道德标准和宗法观念的极端叛逆行为，常用来给造反的人定罪名。现也用来指严重破坏固有观念和道德标准的行为。

7. 四面楚歌

《史记·项羽本纪》中记载：项羽被刘邦及联军围困垓下时，兵少粮尽，刘邦夜晚还安排人在四面八方齐唱楚地的歌谣，吓得项羽斗志全无，惊骇地说："刘邦已经得到全部楚地了吗？为什么他的队伍里有这么多楚人呢？"

"四面楚歌"即四面八方皆响起楚地的歌谣，常用来比喻陷入四面受敌、孤立无援的境地。

8. 约法三章

《史记·高祖本纪》中记载：刘邦进入咸阳后，见关中百姓为秦朝严刑苛法所苦，于是下令将秦朝的严刑苛法通通废除，与关中百姓约定了三条大家都必须遵守的临时法律：杀人者死罪，伤人者、抢劫者也要接受应有的惩罚。

"约法三章"指订立法律，与百姓相约遵守。后来泛指订立简单的共同遵守的条款。

9. 明修栈道，暗度陈仓

《史记·高祖本纪》中记载：刘邦自关中去汉中封地时，为了降低项羽的戒心烧毁了栈道。后来想要入关中与项羽相争，明面上派人去重修栈道，暗地里却让大军绕路到陈仓发动突然袭击。

"明修栈道，暗度陈仓"也就是用明显的行动迷惑对方，将真实的意图隐藏在表面行动的背后，从而达到出奇制胜的效果。

10. 高屋建瓴

《史记·高祖本纪》中记载：刘邦当上皇帝没多久，就有人告发韩信谋反，刘邦用了陈平的计策将韩信抓了起来。一个叫田肯的人来为韩信说情，见面之后并不直说，而是先夸刘邦建都关中地方选得好，地势十分便利，如果对诸侯用兵，就好像是从高屋的檐角往下倒水一样，居高临下，势不可当。接着又夸了齐地。刘邦立刻想起韩信攻城略地的功劳来，于是就放了他。

"高屋建瓴"本义是指把瓶子里的水从高高的屋顶上倾倒下来，常用来比喻居高临下的形势。

11. 孺子可教

《史记·留侯世家》中记载：张良在下邳时，曾遇到一个老人，老人故意将自己的鞋子扔下桥去让张良去捡。面对老人无理的要求，张良都一一满足了。老人笑着夸张良"孺子可教矣"，并传他一部兵法。

"孺子可教"本义指小孩子是可以教诲的，常用来形容年轻人有前途，值得培养。

12. 一饭千金

《史记·淮阴侯列传》中记载：韩信未得志时，曾受到河边一个洗衣老妇人的赠饭之恩，后来韩信显贵后，回赠老妇人千金作为报答。

后人由此提炼出成语"一饭千金"，比喻重重答谢对自己有恩的人。

13. 国士无双

《史记·淮阴侯列传》中记载：韩信投入刘邦麾下，一开始不受重用，愤而离去。萧何知道后，追回韩信，并对刘邦说韩信是国士无双，刘邦这才拜他为大将军。

"国士无双"即一国之中独一无二的人才。

14. 登坛拜将

《史记·淮阴侯列传》中记载：刘邦封韩信为大将军时，原本只是想让人把韩信叫来封赏，萧何却劝他说："您现在任命一员大将却像在招呼一个小孩子一样，有些过于随意无礼了，这才是韩信想要离开您的原因。您要是真想任命他，就应该选个好日子，沐浴斋戒，在广场上修起高台，举行隆重的仪式，这样才行呢！"刘邦于是筑起高台，隆重地任命韩信为大将军。

"登坛拜将"指用隆重仪式来授予将领官职。

15. 功高震主

《史记·淮阴侯列传》中记载：楚汉相争进行到白热化阶段，谋士蒯通建议韩信自立为王，说："一个人的勇猛、谋略如果到了叫他的主子都震惊的地步，那他的处境就很危险了；一个人的功劳如果到了普天之下独一无二的境地，那他也就不可能再得到封赏了。"

"功高震主"即功劳太大，使君主受到震动而心生忌惮。